Mystik ist kein Mysterium

Mystik ist kein Mysterium

Buddhistische und
christliche Meditation
mit

Ayya Khema

O. W. Barth

www.owbarth.de

Zweite Auflage 2002

Redaktion: Christian Salvesen

ISBN 3-502-61102-5

INHALT

Einstimmung

Willkommen im Kloster

Herzlich willkommen zu unserem Meditationskurs im Kloster Niederaltaich, einem der berühmten Klöster Europas. Es sind dreizehn Heilige aus diesem Kloster hervorgegangen. Ich sehe keinen Grund, warum wir diese Anzahl nicht erhöhen könnten. Aber da muss man sich natürlich dementsprechend bemühen.

Die im Mittelalter erbaute Kirche wurde 1718 in den Barockstil umgewandelt, in dem wir sie heute sehen. Vor einigen Jahren hat der Staat zwölf Millionen Mark ausgegeben, um sie zu renovieren. Sie ist meines Erachtens eine der schönsten Barockkirchen, die wir in Bayern finden können. Eines der Deckenfresken stellt Maria dar, die die Milch der Gnade auf die damals bekannten vier Erdteile heruntergießt. Das ist wie in der buddhistischen Ikonographie: Kuan-Yin (der Bodhisattva Avalokiteshvara) gießt aus einer Flasche die Milch der Güte auf die Menschheit. Links vom Altar ist der heilige Benedikt. Schließlich befinden wir uns in einem Benediktinerkloster. Und rechts vom Altar ist Schwester Scholastika, die mit ihm zusammengearbeitet hat.

In der Kirche sind Durchbrüche zu bemerken, die zur Decke gehen und sehr hübsch aussehen. Doch sie sind nicht zur Verzierung gedacht. Ihre Bedeutung ist: Was unten gemalt und gezeigt wird, ist das Leben, in dem wir jetzt sind, als Vorbereitung. Und dann der Tod. An den Wänden dargestellt als Übergang zur Transzendenz. Im Christlichen die Auferstehung, bei uns Buddhisten die Transzendenz. Die Übereinstimmungen sind überall zu finden, auch wenn die Worte und Erklärungen verschieden sind.

Der älteste Grabstein auf dem Friedhof ist aus dem Jahr 1289. Ein Abt dieses Klosters liegt dort begraben. Ein Friedhof ist eine große Hilfe, um sich wirklich mal an seinen eigenen Tod zu erinnern und nicht alles so furchtbar wichtig zu nehmen, was tagtäglich geschieht. Vor allen Dingen, wenn man genau weiß – nicht nur oberflächlich, sondern tief innerlich –: Ich werde auch da liegen, und das kann schon sehr bald sein.

Dies ist übrigens das einzige Kloster Deutschlands, in dem die römisch-katholische Kirche zusammen ist mit der Ostkirche. Hier gibt es zwei Äbte. Abt Emmanuel, der Abt des römisch-katholischen Klosters, und Abt Irenäus, der Abt für die Ostkirche. Doch jetzt ist die Ökumene noch etwas weiter gegangen: Man hat uns miteinbezogen. Und wir sind hier nicht nur akzeptiert, sondern auch sehr willkommen. Das wird auch sicher so bleiben, denn wir haben ja Nobles Schweigen.

Nobles Schweigen

Dieses Noble Schweigen ist eine Notwendigkeit, wenn wir uns spirituell in irgendeiner Weise entfalten wollen. Wir können uns nicht selbst erkennen, solange wir reden. Es ist unmöglich. Aus Rücksichtnahme, aus liebender Güte, sollte jeder vermeiden, die anderen zum Reden zu bringen. Jeder kann natürlich dringende praktische Angelegenheiten mit denen besprechen, die dafür da sind. Und jeder kann schriftlich Fragen an mich stellen.

Fragt Dinge, die euch persönlich berühren. Es ist zum

Beispiel nicht wichtig, wie lange ich schon Nonne bin. Bitte fragt, was euch angeht, was euch weiterhilft, um diesen Weg klar zu sehen, klar zu verfolgen und vielleicht wirklich im Herzen zu tragen. Was euch hilft, beantworte ich liebend gerne. Alles andere sind nur Worte. Und Worte haben wir sowieso viel zu viele. Doch wir kommen leider nicht ohne sie aus.

Wozu bin ich hier?

Hier im Kloster sind die Kirchenglocken sehr laut und deutlich zu hören. Sie sind keine Störung. Sie erinnern uns, wozu wir hier sind. Jetzt bin ich den ganzen Weg hierher gekommen, sitze auf einem so kleinen Kissen. Was will ich hier eigentlich? Wirklich einmal ganz genau überlegen und, wenn nötig, sich aufschreiben, damit man es nicht vergisst. Und am nächsten Tag noch mal überlegen und die nächste Antwort aufschreiben. Will ich etwas Angenehmes in mein Leben einbauen, damit es mir besser geht? Will ich mich möglichst wenig anstrengen, weil mein Job sowie schon so anstrengend ist? Oder bin ich gekommen, um nicht nur das Meditieren zu lernen oder weiterzuführen, sondern um tiefere Einsichten zu bekommen? Zu was bin ich hier? Aber ehrlich sein zu sich selber! Denn nur dann funktioniert es. Wenn man nicht ehrlich ist zu sich selber, kann man zu niemandem ehrlich sein.

Das ist eine ganz wichtige Frage: Zu was tue ich, was ich tue? Was ist der Zweck? Der Unterschied zwischen dem, was wichtig und was nicht wichtig ist, ist: Will ich mehr sein oder will ich weniger sein? Ich gebe jetzt keine Antwort darauf. Selber überlegen! Was mache ich eigentlich sonst den ganzen Tag? Und wie soll sich das hier davon unterscheiden? Jedes Mal, wenn die Kirchenglocken gehen, und die gehen glücklicherweise alle Viertelstunde:

Nachdenken! Was will ich hier eigentlich? Und immer wieder sich klar werden, alle Viertelstunde. Das ist doch wunderbar, nicht? Passt großartig!

Was ist der Buddha?

Ich werde über die Worte des Buddha reden. Ich biete euch die Möglichkeit, dem Buddha näher zu kommen. Der Buddha ist das Erleuchtungsprinzip. Wir müssen dabei nicht an den historischen Buddha denken. Doch es ist eine große Hilfe zu wissen, dass ein Mensch, der in derselben Art wie wir geboren wurde, die volle Erleuchtung erreicht hat und die Lehre (Dhamma) weitergegeben hat. Das Wort Buddha bedeutet: der Erwachte, das Erwachen. Es ist kein Name. Es ist eine Bezeichnung. Und diesem Erwachen, diesem Erleuchtungsprinzip näher zu kommen, das ist die Möglichkeit, die wir euch hier anbieten. Was ihr damit macht, bleibt jedem selbst überlassen.

Regeln

In Wirklichkeit macht jeder, was er will. Das ist fein. Des Menschen Wille ist sein Himmelreich. Nur keinen anderen stören. Das ist alles. Und sich ganz klar werden, warum man es tut, was immer es sei. Sonnenbäder sind allerdings nicht angebracht. Ein Kloster ist nicht dazu da, um Sonnenbäder zu nehmen. Auch wenn die Sonne noch so schön scheint.

Und: Die Beine nicht zu der Buddhastatue ausstrecken. Das ist in unserer Tradition eine große Unhöflichkeit. Wenn die Beine mal ausgestreckt werden müssen, dann seitwärts, nicht zum Buddha. Wir sind nicht sehr traditionsgebunden, im Gegenteil. Aber einige Dinge sind wichtig. Die gehören zur Ehrerbietung, die wir diesem Erleuchtungsprinzip gegenüber haben.

Ruhe und Einsicht

Wenn es sich um diesen spirituellen Weg handelt, der durch die Meditation ermöglicht wird, geht es um Ruhe und Einsicht. Weiter gar nichts. Das ist alles. Das sind die großen Öffnungen, die großen Werte, die wir haben können. Ganz einfache Worte. Die Worte, die wir im täglichen Leben benutzen, sind die gleichen wie die, die wir im Dhamma, der Lehre des Buddha, verwenden. Und doch haben sie eine ganz andere Bedeutung. Das Wort «Ruhe» ist ein ganz gewöhnliches Wort. Wir sagen zu einem Kind, das laut ist: «Gib schon Ruhe!» Oder wir sagen: «Ich will jetzt endlich mal meine Ruhe haben!» Oder: «Hier ist überhaupt keine Ruhe.» Aber nichts davon stimmt zu dem, was hier gemeint ist. Samadhi, oder, wie Buddha in seiner Sprache Pali sagte: Sammatha.

Und wir sagen: «Einsicht ist der erste Weg zur Besserung.» Welche Einsicht? In der buddhistischen Terminologie bedeutet Einsicht, sich selbst erkennen. Aber in einer ganz bestimmten Art und Weise. Das werden wir noch besprechen.

Eine der Gefahren bei der Meditation ist Dösen. Das ist nicht Schlafen, ist auch nicht Wachsein, sondern der Geist spielt Spielchen. Man denkt an die Dinge, mit denen man sowieso immer zu tun hat. Der Geist geht im Kreis. Wenn das der Fall ist oder wenn der Geist anfängt, Probleme zu wälzen, sofort aufhören! Es ist Zeitverschwendung. Aufhören. Augen aufmachen. Neu anfangen. Beides ist nicht Meditation, sondern diskursives Denken.

Wollen wir wirklich meditieren, müssen wir, um zur Ruhe zu kommen, die Welt fallen lassen. Die Welt, mit der wir ständig zu tun haben. Die sich ständig durch unsere Sinne bei uns bemerkbar macht. Alles was wir sehen, hören, riechen, schmecken, berühren und denken, das sind unsere Sinne. Solange wir uns mit diesen sechs Dingen, einem davon oder mehreren, abgeben, meditieren wir nicht. Wenn uns klar wird, dass wir denken statt zu meditieren, dann ist das ein großer Schritt. Dann wissen wir wenigstens, was wir tun.

Also um zur Ruhe zu kommen, müssen wir aufhören zu denken. Das ist klar. Und müssen stattdessen erleben. Und um Einsicht zu bekommen, müssen wir auch aufhören zu denken. Das wird oft nicht verstanden. Analytische, logische Auseinandersetzung mit sich selber ist zwar interessant und macht den meisten Leuten sogar Spaß. Doch Einsicht ist etwas ganz anderes. Einsicht ist das Gleiche wie Weisheit. Und Weisheit ist erkanntes Erleben.

Ein einfaches Beispiel, was wir alle ständig erleben:

Jeder Atemzug ist vergänglich. Im Moment, wo er geschehen ist, ist er schon vorbei und kann nie wiederkommen. Aus diesem Atemzug, wenn wir ihn auf diese Weise betrachten, erkennen wir die Vergänglichkeit, den ewigen Wechsel, der in uns besteht. Solange wir uns selber als solide empfinden, haben wir die Vergänglichkeit überhaupt noch nicht berührt. Wir brauchen nur bei jedem Atemzug einmal zu merken, wie vergänglich der ist. Können tut es jeder. Es weiß auch jeder, aber im Prinzip wollen wir es gar nicht wissen.

Und das ist Einsicht: die Dinge, die ganz an der Oberfläche sind, einmal in der Tiefe zu verstehen. Wir brauchen unseren Atem nicht zu analysieren. Wir brauchen keine Logik, um unseren Atem kennen zu lernen. Wir brauchen ihn nur zu erleben in der Tiefe, die dort möglich ist. Zu wissen, wie vergänglich, wie kurzfristig ein Atemzug ist. Wer weiß, wie viele Atemzüge wir noch vor uns haben? Vielleicht ganz wenige, vielleicht eine Menge. Das weiß keiner. Und dennoch verlassen wir uns darauf, dass es immer so weitergeht wie jetzt. Und unser ganzes Bestreben, der ganze Stress, der Druck, den wir auf uns selber ausüben, ist darauf gerichtet, dass es so weitergehen soll, wie es jetzt ist. Ist das wirklich möglich?

Das ist Einsicht: Nicht analysieren und logisch irgendwelche Dinge zusammenbasteln, sondern sich selbst erkennen. Und wenn wir uns selbst erkennen, dann sehen wir uns in einem anderen Licht. Es ist viel beschwingter und viel weniger Schwere dabei, und wir brauchen uns viel weniger anzustrengen. Es ist auf einer Ebene, wo alles fließt. Und das werden wir durch die Meditation hoffentlich merken.

Der Atem als Meditationsobjekt

Es gibt verschiedene Methoden, die als Hilfsmittel gedacht sind, um bei dem Atem zu bleiben. Wenn der Geist viel abschweift, brauchen wir Hilfsmittel:

Entweder Zählen. Eins beim Einatmen, eins beim Ausatmen. Zwei beim Einatmen, zwei beim Ausatmen. Nicht mehr als zehn.

Oder ein Wort: Ruhe. «Ru» beim Einatmen, «he» beim Ausatmen. Man kann jedes zweisilbige Wort nehmen. Aber das Wort Ruhe ist besonders günstig, weil es ja genau das aussagt, was wir durch diese Meditation erreichen wollen.

Oder wenn man visuell veranlagt ist, also nur dann, wenn man sowieso alles in Bildern sieht, sich vorstellen, dass eine Ozeanwelle den Atem hereinbringt und wieder herausnimmt. Ein rhythmischer Vorgang, genauso rhythmisch wie der Atem.

Die vierte Möglichkeit ist die Empfindung. Die Empfindung, die das Berühren des Atems an den Nasenlöchern hervorruft, was auch in der Nase selber zu spüren ist, sehr häufig in der Stirn oder im Rachen. Nicht suchen, sondern nur die Empfindung beim Ein- und Ausatmen als Hilfsmittel benutzen.

Diejenigen, deren Konzentration schon an der Grenze der Vertiefung ist, können sich auf Anfang – Mitte – Ende des Atemzuges konzentrieren. Wo ist der erste Atemzug zu Ende und wo fängt der zweite an? Da muss man genau aufpassen. Das ist nur für diejenigen, die schon länger meditiert haben. Es braucht viel stärkere Achtsamkeit.

Achtsamkeit

Das ist das, was wir hier in der Meditation lernen. Wenn wir nicht achtsam sein können im täglichen Verlauf der Dinge, wird die Meditation genauso unachtsam sein. Sollten wir also wirklich Meditation lernen wollen, d. h. Ruhe und Einsicht, dann müssen wir die Achtsamkeit auch außerhalb der Meditationshalle benutzen – die ganze Zeit. Und jedes Mal, wenn wir vergessen, wo wir unsere Schuhe hingestellt haben, uns nicht mehr erinnern können, ob wir das Zimmer abgeschlossen haben, was wir eigentlich wollten, in dem Moment wissen wir: Keine Achtsamkeit. Jede Handlung muss gewusst sein, erlebt sein. Nur dann sind wir achtsam.

Üben

Und jedes Mal, wenn wir merken: «Aha, ich habe die Achtsamkeit verloren!», dann haben wir sie schon wiedergefunden. Diese Anweisungen bedeuten nicht, dass wir nun alles perfekt können. Es geht darum, es zu üben und zu wissen, was zu üben ist. Der Buddha hat alle Menschen, die ihm folgten, Übende genannt, Sekhas. Alles, was wir können, haben wir immer wieder geübt, sogar das einfache Laufen. Schreiben, Lesen, alles haben wir immer wieder üben müssen. Jetzt können wir es. Es ist selbstverständlich. Achtsamkeit geübt wird eines Tages selbstverständlich. Wir sind hier um zu üben.

Etikettieren

Die erste Grundlage der Achtsamkeit ist körperbezogen. Der Atem, oder wenn ich mich hinsetze zum Essen, die Schritte auf der Treppe – alles körperbezogen. Erleben, nicht Erdenken. Der Unterschied ist so gewaltig. Er bedeutet alles.

Eine andere Grundlage der Achtsamkeit, die wir in der Meditation benutzen, ist das Etikettieren der abschweifenden Gedanken. Das Etikett, das wir auf den Inhalt der Gedanken aufkleben, gibt uns die Erklärung dafür, was eigentlich in unserem Geist los ist. Das Etikett kann sein: Hoffen, Planen, Wünschen, Zukunft, Vergangenheit, Dösen, Phantasieren, Träumen, Analysieren, Diskursiv, Später, Nicht jetzt. Ein weiteres Etikett, das sehr oft stimmt und wozu man viel Ehrlichkeit zu sich selber braucht, ist «Unsinn». Wenn man merkt, was da für ein Unsinn hochkommt, hat man einen großen Schritt in die Einsicht getan, weil man dann nicht mehr jedem Gedanken glauben muss.

Das Etikettieren ist auch darum wichtig, weil wir in dem Moment, wo wir das tun, merken, dass der Gedanke zerbricht. Der Beobachter ist nicht mehr der Denker. Wir können zurück zum Atem. Wir ersetzen also den Gedanken, wie immer er sei, mit der Achtsamkeit auf den Atem. Im täglichen Leben fängt der spirituelle Pfad damit an, dass wir wissen, was wir denken, und uns nicht von diesen Gedanken hinreißen lassen zu irgendwelchen hasserfüllten oder gierigen Reaktionen, sondern das Negative mit dem Positiven ersetzen können.

In der Meditation ersetzen wir die Gedanken mit der Achtsamkeit auf den Atem. Das ist der Einsichtsteil unserer Meditation. Auf dem Atem *bleiben* ist der Ruheteil der Meditation. Diese beiden muss man auseinander halten können. Wenn ich einen Gedankengang etikettiere und erkenne, was in meinem Geist eigentlich los ist, dann habe ich Einsicht. Wenn ich auf dem Atem auch nur einen Moment bleiben kann, so habe ich Ruhe.

Das Etikettieren ist also ein ganz wichtiger Punkt. Denn das spirituelle Leben muss damit beginnen, dass wir genau wissen, was eigentlich in unserem Geist los ist. Wir lernen unsere Gedankenmuster kennen. Es ist eine Möglichkeit, einmal objektiv neben sich zu stehen und sich selbst zu beobachten. Selbstbeobachtung ist der Weg. Der Buddha hat gesagt: «Das ganze Universum, ihr Mönche, liegt in diesem klafterlangen Körper und Geist.» Alles was wir wissen wollen, können wir in uns erleben.

Die Gehmeditation

Morgens nach dem ersten Sitzen machen wir eine Gehmeditation. Die dreifache Einteilung bei der Achtsamkeit dabei ist: Heben – tragen – senken. Gemeint ist der Fuß. Diese Worte kann man als Hilfe benutzen. Man kann auch eins – zwei – drei sagen. Man braucht auch gar nichts zu sagen. Doch jedes Mal, wenn der Geist ganz woanders ist, ist es sehr hilfreich, stehen zu bleiben.

Die sechsfache Einteilung ist: Das Heben von der Ferse. Dann das In-die-Luft-Gehen. Dann das Nach-vorne-Gehen. Dann das Herunter-Gehen. Und beim Herunter-Gehen die Ferse und der Fuß. Dabei kann man bis sechs zählen. Das ist hilfreich, weil man noch mehr aufpassen muss. Und dieses Aufpassen ist genau das, was Achtsamkeit bedeutet. Es ist genau das, was Meditation bedeutet. Aufpassen auf sich selber, immer wieder aufpassen. Und auch hier gilt: Wenn der Geist abschweift, stehen bleiben.

Die Hände können vorne zusammen sein oder hinten am Rücken. Die Augen bleiben offen und nach unten gerichtet. Sie gehen automatisch vor dem Fuß, so dass man nicht gestört wird von der Bewegung. Es ist nicht gut, mit geschlossenen Augen durch die Gegend zu wandeln. Offene Augen, aber nicht in der Gegend herumschauen, sondern nach unten. Sich auch nicht durch Geräusche ablenken lassen, sondern innerlich «Geräusch» sagen und weitermachen. Das ist eine erstklassige Übung der Achtsamkeit. Nicht einfach, aber auf jeden Fall probieren.

LIEBENDE-GÜTE-MEDITATION 1:

Sich und anderen der beste Freund sein

Wir machen jetzt eine geleitete Liebende-Güte-Meditation. Zu Beginn wollen wir die Achtsamkeit kurz auf den Atem lenken.

Wir wollen uns einmal vorstellen, dass wir unser eigener bester Freund sind und die Gefühle eines besten Freundes für uns selbst hochbringen: liebevoll und hilfreich. Umarmend, zur Seite stehend. Voll Weisheit für das, was gut für uns ist. Ein bester Freund für uns selbst. Auf den wir uns verlassen können. Der uns keine falschen Ratschläge gibt. Das Gefühl dieser innigen Freundschaft für uns selbst erleben.

Jetzt wollen wir der beste Freund von demjenigen sein, der neben uns sitzt. Liebevoll umarmend, hilfreich. Besorgt um dessen Wohlergehen. Das Gefühl der innigen Freundschaft für diesen Menschen zu ihm ausstrahlen.

Und jetzt denken wir an unsere Eltern, ob sie noch am Leben sind oder nicht. Und sind deren bester Freund. Voll liebevoller Fürsorge. Voll Dankbarkeit. Wir umarmen sie und zeigen ihnen unsere Zusammengehörigkeit. Ein bester Freund ist hilfreich und hat genügend Weisheit, um zu wissen, was für den anderen gut ist.

Und wir denken an unsere nächsten und liebsten Menschen, mit denen wir vielleicht zusammenleben, und sind deren bester Freund. Voll Rücksichtnahme. Helfen ihnen, das Gute zu tun. Schenken ihnen unser Herz voll inniger Freundschaft. Und wir erwarten von ihnen nicht, das Gleiche zurückzubekommen.

Und wir denken an unsere Freunde, Verwandte und Bekannte und wollen allen bester Freund sein und diese Freundschaft zeigen. Sie umarmen. Ihnen zur Seite stehen. Das Gute fördern. Fürsorglich. Bedacht um ihr Wohlergehen. Nicht erwartend, sondern schenkend.

Und wir denken an die Menschen, denen wir im Alltag begegnen. Die einen wichtigen Teil unseres Lebens ausmachen. Nachbarn und Arbeitskollegen, Schüler, Patienten, Lehrer, Verkäufer, Postboten, Arbeiter. Wer immer uns in den Sinn kommt, der einen Teil unseres Alltags ausmacht. Und wir sind der beste Freund von allen diesen Menschen. Schenken ihnen unser Herz in inniger Freundschaft. Sind besorgt um ihr Wohlergehen. Wollen helfen und zur Seite stehen. Zeigen ihnen dadurch unsere Zusammengehörigkeit.

Und wir denken an einen schwierigen Menschen in unserem Leben. Über den wir uns vielleicht geärgert haben. Der nicht das macht, was wir wollen. Oder der sich über uns geärgert hat. Oder dessen Ideen oder Taten wir ablehnen, verurteilen. Und wir wollen auch der beste Freund dieses Menschen sein. Ihn in Freundschaft umarmen. Fürsorglich bedenken. Unser Herz ihm schenken. Und wir spüren ganz deutlich, wie die Schwierigkeiten von uns abfallen und wir erleichtert sind.

Wir öffnen unser Herz ganz weit, so weit es uns möglich ist. Und lassen so viele Menschen hinein, wie es nur geht. Und schenken ihnen unsere Freundschaft, unsere Zusammengehörigkeit, unsere Fürsorge. Lassen immer mehr und mehr Menschen in unser Herz hinein. Aus den Dörfern und Städten, immer weiter und weiter über das ganze Land. Wir können allen unsere Freundschaft schenken, unsere Fürsorge, unser Zusammengehörigkeitsgefühl, unsere Herzenswärme. Und wir spüren noch einmal: Je mehr davon wir verschenken, desto mehr haben wir im Herzen.

Und jetzt richten wir die Achtsamkeit noch einmal auf uns selbst und fühlen uns als unser eigener bester Freund, der uns hilfreich zur Seite steht, der sich um uns kümmert. Der durch Weisheit weiß, was das Gute für uns ist, es erkennt und uns immer weiter hilft dabei. Und wir umarmen uns selbst mit inniger Freundschaft. Und fühlen uns darin beschützt und geborgen.

Mögen alle Menschen Freunde sein!

I

Die relative Ebene des Daseins

Ich hoffe, dass ihr alle, jeder Einzelne, von diesem Meditationskurs Einsicht mit nach Hause nehmen werdet. Wenn während des Kurses Schwierigkeiten auftreten, dann sind sie einzig und allein dazu da, um davon zu lernen. Wenn man vor den Schwierigkeiten wegläuft, dann hat man nichts gelernt. Dann hat man es so gemacht wie immer. Die Schwierigkeiten sind immer in einem selber. Und sie sind dafür da, dass wir etwas Neues in uns erkennen können. Daher sind sie begrüßenswert. Das ist die einzige Art und Weise, mit ihnen umzugehen.

Wie ihr wisst, bin ich gesundheitlich nicht allzu gut auf dem Posten. Aber ihr könnt ganz sicher sein: Bei jeder von mir geleiteten Meditation und Kontemplation versuche ich euch zu unterstützen durch jegliche Kraft, die ich habe. Diese Unterstützung ist aber nur so weit für jeden vorhanden, wie er sich öffnet. Alles ist nur so weit für jeden vorhanden, wie er oder sie sich dafür öffnet. Keiner kann etwas für einen anderen tun. Jeder muss es selber machen. So weit ihr euch öffnet, so weit ist Kraft vorhanden.

Der Mystiker des 21. Jahrhunderts

Dieser Kurs heißt: «Mystik ist kein Mysterium.» Viele glauben, Mystik sei ein Geheimnis. Das ist einer der vielen Fehlgedanken, mit denen sich die Menschheit immer wieder beschäftigt. Karl Rahner, einer der bekanntesten Theologen unserer Zeit, hat gesagt: «Wenn der Christ des 21. Jahrhunderts kein Mystiker ist, dann wird er gar nicht mehr sein.» Von seiner Warte aus gesehen war es der Christ. Von meiner Warte aus gesehen ist es der Mensch, jeder. Das 21. Jahrhundert ist in zweieinhalb Jahren da. Ich glaube, es wäre Zeit, sich auf den Weg zu machen, wenn man es nicht schon getan hat. Aber manche reden sich ein, dass sie irgendeinen Weg hätten. Wenn man kein Mystiker wird, hat man keinen Weg.

Was ist denn ein Mystiker überhaupt? Irgendetwas ganz Schwieriges oder Absonderliches? Überhaupt nicht. Ein Mystiker ist vor allen Dingen ein Mensch, der mit beiden Füßen auf dem Erdboden steht. Die Mystiker sind die größten Pragmatiker. Der Buddha war ein Mystiker. Meister Eckhart war ein Mystiker. Teresa von Avila war eine Mystikerin.

Einen Ausspruch von Teresa von Avila liebe ich besonders: «Ich brauche nicht noch eine heilige Nonne, ich brauche eine, die Toiletten putzt.» Das brauchen wir auch. Bei uns redet sich sowieso keiner ein, er sei heilig. Aber Toiletten putzen ist mindestens so wichtig. Mystiker sind Menschen, die der relativen Ebene – von der wir gleich sprechen werden – klar ins Auge schauen, aber genau wissen, dass es noch etwas anderes gibt, und die dieses ANDERE berührt haben.

Es gibt in jeder Religion die Mystik. In der jüdischen Religion sind es die Kabbalisten. In der Hindu-Religion ist es Advaita Vedanta. Bei den Muslims sind es die Sufis. Einige christliche Mystiker habe ich schon genannt. Es gibt natürlich noch viel mehr: Tauler, Seuse. Das sind die berühmtesten deutschen. Aus dem Mittelalter. Das ist lange her. An sich natürlich ein Tropfen auf den heißen Stein. Es nutzt herzlich wenig, dass es vor Jahrhunderten reichlich Mystiker gab hier in Deutschland.

Im Buddhismus ist der Mystiker der, der die meditativen Vertiefungen dazu verwendet, um mit ihnen zu leben. Nicht nur, um sich eine angenehme Meditationsperiode zu schaffen. Das gehört auch dazu, ist aber nur ein ganz kleiner Teil.

Ein Mystiker ist nicht nur vollkommen pragmatisch. Er hat außerdem eine andere Realität berührt im eigenen Bewusstsein. Es gibt eine ganze Anzahl Dichter, die Mystiker waren. Goethe war ein Mystiker. Shakespeare. Sie haben eine andere Bewusstseinsebene berührt. Natürlich erlebt der Mystiker die Ebene, auf der wir täglich leben. Das ist gar keine Frage. Sie existiert. Sie ist da. Und sie heißt: Relative Wahrheit. Sie ist wahr. Aber sie ist relativ. Und sie ist nicht zufrieden stellend. Nur wer ganz deutlich gemerkt hat und sich darüber im Klaren ist, dass diese Ebene, auf der tagtäglich gelebt wird, nicht zufrieden stellend sein kann, nur der kann sich auf den Weg machen. Und zwar nicht, weil er gerne diese relative Ebene ein bisschen angenehmer haben möchte.

Absurde Wünsche

Da gibt es ein entzückendes japanisches Lied:

Ständig ein Klima wie im Mai
abends immer Licht wie beim Vollmond
selbst immer achtzehn
der Ehemann stets zwanzig
drei gute Kinder, die niemals sterben
zehntausend Taler im Sack, die sich nie erschöpfen
und auch nach dem Tod ein Zustand,
als ob man leben würde.

Ist ein hübsches Lied, nicht? Es zeigt uns die Absurdität

dessen, was wir machen. Jetzt gehe ich ein bisschen meditieren, damit es bei mir zu Hause dann besser wird. Oder: damit ich mich nicht immer so aufrege, wenn's zu Hause nicht so gut ist. Und das Letztere ist doch bestimmt wahr, oder? Stimmt das bei irgendjemand nicht? Kann ich mir überhaupt nicht vorstellen.

Zehntausend Taler im Sack, die sich nie erschöpfen. Selbst immer achtzehn. Der Ehemann zwanzig. Das kann man auswendig lernen. Lauter absurde Wünsche. Jetzt werde ich mal ein bisschen spirituell werden, dann wird es zu Hause klappen. Mein Partner wird mich lieber haben. Der möchte ja auch spirituell sein. Nichts werde ich sein. So geht's nicht. So funktioniert es nicht. So kann man es nicht machen. Doch so wird's immer wieder versucht.

Auf der Ebene der relativen Wahrheit gibt es keine Spiritualität, keine Religiosität. Das ist der Grund, warum die Religionen nicht funktionieren. Sie haben alle versucht, sich auf der relativen Ebene aufzubauen. Doch da gibt es nichts. Da gibt es keine Erfüllung. Was man auf der relativen Ebene bewerkstelligt, wenn man endlich begriffen hat, dass es eine relative und eine absolute Ebene gibt, das ist die Lernsituation. Da lernt man was. Und wenn man das einmal sieht, dass diese relative Ebene zum Lernen da ist, dann hat man sie richtig gepackt. Nur zum Lernen, zu nichts anderem. Sie ist nicht dazu da, damit wir es ein bisschen klüger anpacken, so dass es dann auf einmal funktioniert.

Alles ändert sich ständig

Nichts funktioniert, weil es sich ständig verändert. Und nicht nur darum. Sondern weil es keinen Inhalt hat, der funktionieren kann. Was ist denn der Inhalt der relativen Ebene? Dualität. Ich hab es gern. Ich habe es nicht gern.

Ich möchte es haben. Ich möchte es loswerden. Und alles geht über die Sinne: was ich sehe, höre, schmecke, rieche, berühre und denke.

Sicher gibt es da etwas Angenehmes. Doch wie lange hält denn das, was gut schmeckt oder was hübsch aussieht? Und wie lange hält denn das, wenn ich endlich mal einen vernünftigen Gedanken gepackt habe? Oder einen liebevollen? Oder einen, der beglückend ist? Wie lange halten denn die umherschwirrenden Gedanken? Glücklicherweise nicht sehr lange. Leider kommt gleich ein neuer. Aber auch der hält ja nicht.

Die ständige Wiederholung von dem Denken, vom Sehen, vom Hören und vom Riechen erweckt den Eindruck in uns, als wäre es ständig vorhanden. Dabei ist es nichts als ewiges Wiederholen. Es kommt, es geht, es kommt, es geht. Man sitzt in der Meditation. Gedanke kommt. Und – bumms – ist er weg. Schon kommt ein anderer. Beim Sehen dasselbe. Das Auge muss blinken. Sonst geht es kaputt. Nichts kann bleiben. Es ändert sich die ganze Zeit. Und das ist ein Glück. Es wäre sonst unerträglich. Man stelle sich vor, man müsste sich Stunden um Stunden mit ein und demselben Gedanken herumschlagen, was ja manche Menschen tun. Aber auch der kommt und geht. Sie holen ihn nur immer wieder hervor.

Also auf dieser relativen Ebene ist nichts vorhanden. Es existiert nichts, was total erfüllend sein, was überhaupt eine innere Befriedigung geben könnte, auf die man sich verlassen kann. Und erst dann, wenn man das eines Tages gemerkt hat, wird man sich auf den Weg machen. Auf den wirklichen Weg. Denn bis dahin war man sozusagen Amateur. Ein bisschen hier, ein bisschen da, es wird schon besser werden. Ja, die Hoffnung, es wird schon besser werden, ist ja nicht fehl am Platz. Man soll ja hoffen. Aber wie lange? Wann setzt man diese Hoffnung in Ruhestand und macht nun wirklich was? Wenn man selbst in Ruhestand geht? Dann ist es zu spät, garantiert. Da ist das Alte so eingefahren, so durchwachsen mit einem. Da kann man nicht mehr los davon. Man muss jetzt anfangen.

Die Einheit fühlen

Ein Mystiker hat noch eine Eigenschaft, die in allen Religionen – zumindest in ihren mystischen Strömungen – angesprochen wird: Er hat das Gefühl des Einsseins, der Einheit. Und wenn wir das nicht mehr bekommen, dann ruinieren wir unseren Planeten unwiderruflich. Wir haben es ja beinahe schon geschafft.

Ein Mystiker ist ein Mensch, der die Einheit erkennt, nicht nur die Einheit von allen Menschen oder von allen Religionen. Sondern die Einheit von allem, was existiert. Die ganze Existenz ist eins. Nur wenn wir das ganz erkannt haben, können wir als Spezies weiterleben. Genau das ist gemeint mit «wenn der Mensch kein Mystiker wird im 21. Jahrhundert, dann wird er gar nicht mehr sein».

Die meisten Menschen, selbst wenn sie noch so alt sind, rechnen nicht damit, dass sie jederzeit, auch sehr bald, sterben können. Die meisten Menschen rechnen damit, dass sie noch recht lange überleben werden. Und sollte ihnen das nicht vergönnt sein, dann sind sie böse darüber. Das ist alles auf der relativen Ebene.

Sollten wir Interesse haben, unsere Umwelt in einer Art und Weise zu behandeln, die für einen Mystiker selbstverständlich ist, dann müssen wir selbst Mystiker werden. Und in der Lehre des Buddha ist das nicht schwierig. Denn es ist genau erklärt. Und es ist machbar. Man muss dazu nicht jemand Besonderes sein. Denn keiner von uns ist etwas Besonderes. Auch wenn man sich noch so sehr einredet: «Aber ich müsste doch etwas Besonderes sein. Was ich schon alles gemacht habe in diesem Leben!» Selbst wenn man sich eine Liste macht von dem ganzen spirituellen Zeugs, deswegen ist man noch lange nichts Besonderes. Es gibt nichts Besonderes. Es ist alles eins.

Es ist alles Schöpfung. Und in dieser Schöpfung besteht eine Ursache und eine Wirkung. Die Wirkung ist die Schöpfung. Und die Ursache – von der werden wir noch sprechen – ist nicht ein Schöpfer. Wir sind alle ganz selbstverständlich auf derselben Ebene mit allem um uns herum. Vielleicht können wir das sogar auf der relativen Ebene, auf der wir uns jetzt bewegen, erleben. Wenn wir uns zum Beispiel Blumen, Bäume, Sträucher, Wiesen, Täler, Bäche, Flüsse anschauen und hineinspüren in deren Vitalität.

Ein Mystiker tut das, ohne dass man ihn daran erinnern muss. Aber auch ein Mensch, der auf der relativen Ebene lebt, kann das. Man muss ihn nur daran erinnern. Hineinspüren! Hier sind genug Blümchen und Wiesen. Hineinspüren. Was ist das für eine Vitalität? Ist das die gleiche, die ich habe?

Also ein Mystiker ist pragmatisch, spürt die Einheit und berührt das andere Bewusstsein. Dieses andere Bewusstsein tritt jedoch erst zutage, wenn die Meditation so weit gediehen ist. Auf der Ebene der relativen Wahrheit, auf der wir uns jetzt im Moment befinden, müssen wir erkennen, dass das, was wir in uns und um uns herum erleben, nur ein winziger, kleiner Teil ist von dem, was existiert. So winzig, dass es sich kaum lohnt, deswegen gelebt zu haben. Was sich lohnt, ist gelebt zu haben, um diesen kleinen Teil zu vergrößern.

Pausen verlängern?

Dazu muss man erkennen, dass bei all den Begierden, die wir haben – und die in diesem japanischen Lied doch entzückend ausgedrückt sind –, nur Unsinn herauskommt.

Dass auf dieser relativen Ebene nichts funktioniert. Doch zwischendurch gibt es «Pausen». Es geht mal zwischendurch besser. Keiner sagt etwas Unangenehmes. Was ja vor allen Dingen im Meditationskurs der Fall sein sollte. Keiner sagt überhaupt was. Man denkt sogar nicht einmal etwas Unangenehmes. Na wunderbar! Und wie lange hält die Pause an? Bis zum nächsten Gedanken.

Was ist dann? Dann geht es wieder von neuem los, nicht? Vielleicht hört man sogar irgendetwas, was einen derartig stört, dass man sich einredet, man könne sowieso nicht meditieren. Irgendjemand hustet ganz laut. Oder der Nachbar ruckelt hin und ruckelt her. Dann ist schon wieder alles kaputt.

Es gibt auf dieser relativen Ebene zwar Pausen der Unannehmlichkeiten und man meint daher, man brauche nichts weiter im Leben zu tun, als die Pausen zu verlängern. Das trifft wohl auf 99,8% der Menschheit zu. In unserer wohlhabenden Gesellschaft ist doch jeder damit beschäftigt, diese angenehmen Pausen zu verlängern – durch irgendwelche Sinneskontakte oder Menschen. Es geht nicht. Es funktioniert nicht. Es hat noch nie funktioniert.

Es ist wichtig, darüber mal nachzudenken, eine Kontemplation für sich selbst zu machen: Wann war ich unabhängig und bedingungslos glücklich? Was war da geschehen? Und sich es einmal aufschreiben. Welche «Pause» war das? Und versuche ich jetzt, diese Pause zu verlängern?

Auf dieser relativen Ebene ist jeder eine eigene Persönlichkeit. Und es sieht ja auch optisch so aus, als ob jeder begrenzt wäre, eine eigenständige Person ist bis dahin, wo der Körper aufhört. Und für diese eigenständige Person sucht jeder, was er unbedingt haben will. «Das japanische Lied ist ja Unsinn. Das suche ich ja gar nicht! Ich will ja gar nicht achtzehn sein. Achtunddreißig genügt ja auch.»

In Amerika war ein sehr guter Komödiant im Fernsehen – vor vierzig Jahren, als ich noch fernsah. Der war weit über sechzig. Er hat jedes Jahr seinen 39. Geburtstag gefeiert. Er wollte zeigen, was das für ein Blödsinn ist. Da haben immer alle seinen 39. Geburtstag mitgefeiert. Ich nehme an, er ist inzwischen längst tot.

Wer meditieren will, weil er diese relative Ebene verbessern möchte, der sollte sich darüber klar werden, dass auf der Ebene sowieso nichts zu holen ist. Diese relative Ebene ist unsere Schule. Dazu ist sie da. Deshalb sagte ich gleich am Anfang: Jede Unannehmlichkeit, und von denen gibt es ja unzählige, sollte begrüßt und nicht abgelehnt werden. Und vor allen Dingen auf gar keinen Fall jemand anderen dafür verantwortlich machen. «Ich habe es doch nicht gewusst, nicht gekonnt, weil …» Es gibt kein «weil». Es gibt nur: «Ich habe es nicht gewusst» oder «Ich habe es nicht gekonnt». Das ist in Ordnung.

Kennen oder können?

Die Formel heißt: Erkennen, nicht tadeln, ändern. So eine einfache Formel. Es gibt eine Menge Menschen, die sagen: «Das weiß ich.» Und was tun sie? Genau das Gegenteil. Wir wollen einmal ganz klar zwischen Kennen und Können unterscheiden. Was kenne ich und was kann ich? Der Unterschied ist immens. Vor allem wegen unserer Informationswut, die ständig durch neue Errungenschaften geschürt wird. E-Mail, Internet usw. Da findet man immer noch mehr Informationen.

All das kennen wir. Als wir klein waren, da haben wir sogar gekannt: «Liebe deinen Nächsten wie dich selbst.» Und wer kann das? Kennen und können. Da ist sozusagen die Wasserscheide. Man braucht eigentlich gar nichts zu kennen. Man muss nur können. Wenn man jetzt weiß, dass man sich selber untersucht, und erkennt, dass es nur an einem selber liegt, dass da ja überhaupt kein anderer mitspielt, dass es niemanden gibt, der zu tadeln ist, weder man selber noch andere, dann hat man den ersten Schritt getan. Da kann man sich sonst was einreden: «Die Eltern, der Partner, der Lehrer, der Nachbar, die Kinder.» Ganz egal, was man sich einredet: Alles auf einer relativen Ebene, die nicht stimmt. Nichts davon stimmt. Alles hockt in einem selber drin. Und da, wo es drin hockt, kann man es auch herausholen.

Doch da denken viele Menschen: «Das ist mir viel zu mühsam.» Dann machen sie so weiter wie immer. Und hoffen, durch etwas mehr Engagement und etwas mehr Kennen ihre relative Ebene zu verbessern. Dann müssen sie im nächsten Leben wieder genau da anfangen, wo sie aufgehört haben. Und so geht das immer weiter, Tausende und Abertausende von Leben. Doch der da wieder geboren wird, kann sich an nichts erinnern. Wir können uns ja auch nicht erinnern, was voriges Mal los war. Also machen wir wieder schön weiter. Wie lange das heutzutage überhaupt geht, ist fraglich. Sollte es nicht auf diesem Planeten möglich sein, vielleicht gibt es einen anderen. Das wird sich herausstellen. Auf jeden Fall immer weiter.

Die persönliche Frage heißt also: Möchte ich so weitermachen? Immer weiter? Glaube ich wirklich, dass daraus was wird? Sollte man nicht weiter und weiter machen wollen, immer wieder und wieder, dann muss man erkennen: Das ganze menschliche Leben auf der relativen Ebene ist als Schulung gedacht. Und in dieser Schulung ist alles, was auf einen zukommt, begrüßenswert. Ob das nun eine lebensbedrohende Krankheit ist oder unangenehme Menschen. Wenn die absolute Ebene erkannt und gelebt wird, gibt es weder Tod noch Leben. Aber hier, auf der Ebene der Dualität, ist das die ganze Zeit vorhanden. Diese Dualität ist alles, was wir gerne haben, und alles, was wir nicht gerne haben. Und das kann doch nicht gut gehen. Der ständige Aufruhr, das loszuwerden, was wir nicht gerne haben, und das an uns heranzuziehen, was wir gerne haben!

Loslassen

Man stelle sich vor, man liegt auf seinem Totenbett. Wozu hat man sich so bemüht, diese relative Ebene noch irgendwie angenehmer zu machen? Da gibt es dann keine relative Ebene mehr. Da gibt es nur noch Loslassen. Und das ist das Schlüsselwort für diese Schulung, die wir hier durchmachen. Loslassen. Sich hingeben und nicht haben wollen, sondern geben wollen und nicht nach Anerkennung suchen.

Die meisten Menschen sind nicht ungern bereit, hilfreich zu sein oder auch was zu geben. Aber sie wollen Anerkennung dafür haben. Im Prinzip soll man sie dafür lieben, weil sie so viel tun. Das ist Bekommen. Ich suche was. Ich will was bekommen. Ich will Liebe bekommen.

Es gibt nur eine Art und Weise, auf dieser relativen Ebene etwas zu lernen. Wenn ich Liebe empfinden möchte, dann muss ich sie verschenken. Wie viel einfacher könnte es noch sein? Man sollte meinen, jeder käme von selbst darauf. Keiner kommt von selbst darauf. Jeder braucht einen spirituellen Pfad, in dem das deutlich zum Ausdruck kommt. Es hat überhaupt nichts mit Bekommen zu tun. Die ganze Spiritualität, das ganze Lernsystem, die ganze Schulung, nichts hat mit Bekommen zu tun.

«Ich möchte gern spirituell werden oder eine spirituelle Beziehung haben.» Unsinn.

«Ich möchte alles loslassen, was ich in mir herumtrage.» Ja, das macht Sinn.

«Ich möchte gerne geliebt werden.» Das macht auch keinen Sinn.

«Ich möchte mein Herz zum Lieben erziehen.» Ja, das macht einen Sinn.

Verschenken und geben, das macht Sinn.

Denn was passiert auf dem Totenbett? Man muss alles loslassen. Aber soll man so lange warten? Denn wenn man nicht vorher daran gearbeitet hat, wird das wohl wie der altbekannte Todeskampf sein. «Ich will ja gar nicht sterben. Ich will ja gar nicht loslassen. Ich will ja da sein. Und die anderen Leute, die um mich herumstehen, die wollen mich ja auch dahaben!» Also hat man höchste Unannehmlichkeiten. Es wäre wohl vernünftig, logisch und pragmatisch, sich jetzt damit zu beschäftigen und jetzt loszulassen.

Das heißt nicht, jetzt zu sterben. Das heißt: Jetzt loslassen von allem, was sich bei einem innerlich abspielt und was nicht zu Glück und Frieden beiträgt. Und mal sehen, wieso ich das in mir herumschleppe. Was will ich denn eigentlich? Ich sage dazu immer: «Heute ist der erste Tag vom Rest meines Lebens.» Was will ich denn damit anfangen? Jetzt kann man mal schauen: Wie alt bin ich heute? Was möchte ich denn machen? Was habe ich denn vor? Ich hätte es gern angenehm. Ich hätte es gerne so, wie ich es mir wünsche. Na, was wünsche ich mir denn? Alles soll nur so gehen, wie ich es haben will. Weiß ich denn überhaupt, wie ich es haben will? Das sind absurde Wunschträume, mit denen nichts anzufangen ist.

Eines der Tore, die zur Erleuchtung führen, ist die Wunschlosigkeit. Das Loslassen, auf Deutsch. Einfach loslassen. Es ist leider nicht einfach. Und wenn wir uns immer einreden: Alles Mögliche muss gehabt sein, muss geschehen. Das ist auch noch so eine Sache: Was wir alles glauben, was geschehen muss. Was muss denn eigentlich geschehen? Kann man nicht mal Schluss machen mit allem, was geschehen muss? Könnte man sich nicht zum Beispiel mal vorstellen, dass ab heute alles ohne einen selber geschieht? Scheinbar ist das doch möglich. Wir sitzen alle hier, und da draußen geht alles weiter wie immer. Also – es geschieht doch ohne uns.

Es ist bedeutend ruhiger, es einmal geschehen zu lassen, als immer einzugreifen, weil ich es mir so vorstelle, wie es sein sollte. Wer hat einem denn garantiert, dass unsere Vorstellung überhaupt stimmt? Solange sie sich auf der relativen Ebene bewegt, sie mit einer Persönlichkeit zu tun hat und wir haben wollen, kann sie überhaupt nicht stimmen. Also, wozu greifen wir denn da andauernd ein? Wieso lassen wir es nicht einfach mal geschehen?

Karma

So wie es geschieht, hat es seine karmischen Ursachen. Und an denen können wir sowieso nichts mehr ändern. Sie sind bereits gelaufen. Das Einzige, was wir noch tun können, ist – und das gehört auch zu dieser relativen Ebene –, jetzt recht gutes Karma machen. Gutes Karma machen bedeutet, dass wir nicht so viel an uns selbst denken, sondern mehr an andere. Und dass wir dabei, beim guten Karmamachen, vielleicht anderen behilflich sein können, aber nur so weit, wie wir uns selber schon geholfen haben. Wir brauchen uns nicht einzureden, dass wir irgendjemand behilflich sein können auf einer Ebene, die wir selber nicht beherrschen. Und anderen behilflich sein hat nichts damit zu tun, ihnen Honig um den Mund zu schmieren, zu sagen, alles ist in Ordnung, alles ist gut, es wird schon werden.

Nichts wird werden. Es ist alles schon, wie es immer war. Es hat sich nichts geändert. Nur wir selbst können uns ändern. Ein Mensch, der sich ändert, ändert die Welt.

Denn wir sind die Welt. Wenn zwei oder drei Menschen sich ändern, hat sich die Welt um vieles geändert. Wenn man mit der Welt nicht hundertprozentig zufrieden ist – und das wäre wohl für einen intelligenten Menschen nicht sehr schwierig, nicht zufrieden zu sein mit der Welt –, dann braucht man nur sich selbst zu ändern. Weiter gar nichts. Dadurch wird die Welt aber nicht anders. Sie bleibt genauso unzufrieden stellend wie immer.

Doch etwas hat sich geändert, und zwar: die Ausstrahlung des Menschen, der sich innerlich geändert hat. Sie hat den Teil der Welt, wo sie hinstrahlt, geändert. Nur das gilt. Das ist auf der relativen Ebene möglich. Dazu sind wir hier. Dazu leben wir auf dieser Ebene, wo wir natürlich immer wieder in die Falle tapsen, dass alles so ist, wie es aussieht.

In Wirklichkeit glaubt doch sowieso keiner, dass nur das, was wir sehen, existiert. Oder glaubt das jemand? Wir können doch nur bis zum Horizont sehen. Ist die Welt zu Ende am Horizont? Wir können nicht einmal um die nächste Ecke gucken. Ist die Welt zu Ende an der nächsten Ecke? Das glaubt doch keiner. Aber alle handeln danach, als ob das die Welt wäre. Die Welt sieht ganz anders aus.

Aber hier ist die Läuterung: Erkennen, nicht tadeln, ändern. Die eigenen Gedanken etikettieren und erkennen, dass sie von einem selber kommen. Nicht irgendwelche an den Haaren herbeigezogene Ursachen finden, wieso sie kommen. Sie sind da. Sie sind gekommen, das genügt. Der unheilsame Gedanke, die unheilsame Emotion ist gekommen. Das genügt vollkommen.

Und dann, immer wieder, ändern. Das ist Achtsamkeit auf sich selber, auch außerhalb der Meditation. Das ist etikettieren und mit dem Gegenteil ersetzen – die ganze Zeit. Erst dann lernt man sich selber kennen. «Das ganze Universum, ihr Mönche, liegt in diesem klafterlangen Körper und Geist.» Und wenn man das Universum kennen lernen will, muss man auf dieser Ebene anfangen und sich selbst erkennen.

Der erste Schritt: Kennen. Aber dann auch noch: Können. Das Gegenteil vom Gewohnten tun. Und da ist natürlich die große Schwierigkeit. Es ist wie beim Bücherlesen. Wir lesen ein Buch, sind fertig, abgehakt, in die Bibliothek zurück. Drei Wochen später wissen wir nicht einmal mehr den Namen des Autors und den Titel. Wenn wir das mit den Büchern des Buddha tun oder mit den Erklärungen der Buddha-Lehre, kennen wir sie zwar, aber wir können nichts. Das muss man können. Und das ist der ganze Unterschied. Das braucht Zeit und das braucht vor allen Dingen Hingabe.

Hingabe bedeutet, sich selbst einmal vollkommen aufgehen zu lassen in dem, was man als das Gute erkannt hat. Natürlich wird das alles viel leichter, wenn man durch die Meditation andere Bewusstseinsebenen kennen lernt. Aber auf der relativen Ebene geschieht der Lern- und Läuterungsprozess. Deshalb ist sie so wichtig.

Achtsamkeit beim gemeinsamen Essen

Bitte mir nachsprechen:

Wir essen diese Mahlzeit mit Achtsamkeit
nicht zum Vergnügen
nicht zur Verschönerung
sondern nur um diesen Körper am Leben zu erhalten
damit er keinen Schaden erleidet
um Hunger und Übersättigung zu vermeiden
dann habe ich keine körperlichen Schwierigkeiten
und ein einfaches Leben

Meditation und Kontemplation

Was ist der Unterschied zwischen Kontemplation und Meditation? In der buddhistischen Tradition ist die Meditation auf zwei Ziele ausgerichtet: Ruhe und Einsicht. Ruhe als Mittel, Einsicht als Zweck. Um zur Ruhe zu kommen, versuchen wir, den Geist einspitzig auf einem Meditationsobjekt zu halten und ihn davor zu bewahren, dass er sich so benimmt, wie er es im Allgemeinen tut. Nämlich dass er sich mit vielen Dingen nacheinander beschäftigt, die sehr häufig noch nicht einmal zusammengehören. Um den Geist zur Ruhe zu bringen, versuchen wir, ihn auf einen Punkt zu bringen. Wenn einem das für längere Zeit gelingt, bekommt man Zugang zu anderen Bewusstseinsebenen. Die trägt jeder Mensch in sich. Die meisten lernen sie jedoch nicht kennen, weil sie diese Übung nicht machen. Wenn wir diese anderen Bewusstseinsebenen durch die Ruhe erreicht haben, ist es möglich, ganz neue Einsichten in sich selbst und die Welt zu bekommen.

Die Kontemplation ist nur auf Einsicht ausgerichtet. Aber sie kann einen auch zur Ruhe führen. Denn hat man einmal eine tiefe Einsicht durch eine Kontemplation, ist es sehr leicht möglich, dass der Geist aufhört, Geschichten zu erzählen. Aber im Prinzip ist sie nur auf Einsicht ausgerichtet.

Unsere erste Kontemplation ist eine Liebende-Güte-Kontemplation. Wir untersuchen einen Satz, den ich vorsprechen werde, und fragen, ob und wie er auf uns selbst zutrifft. Nicht, wie er auf andere zutrifft. Wir sind immer sehr geneigt, andere Leute zu untersuchen. Hier untersuchen wir uns selbst. Jeder soll es in sich selber erfahren. Wer in sich Frieden geschlossen hat, der trägt zum Frieden der Welt bei.

Wir nehmen uns also einen Satz vor und versuchen, bei

diesem einen Satz, bei diesem Thema zu bleiben. Selbstverständlich hat der Geist wieder die Tendenz und die Sucht, sich mit etwas anderem zu beschäftigen, geht von einem zum Nächsten. Zurückholen! Liebevoll, nicht tadelnd, aber äußerst bestimmt. Nicht dem Geist einfach erlauben, was er gern hätte. Das machen wir sonst. Wir sollen uns aber auch nicht tadeln oder über uns selbst ärgern. Je mehr wir uns selbst gegenüber negativ eingestellt sind, desto mehr sind wir anderen Menschen gegenüber negativ eingestellt. Das eine ist eine ganz logische Folge des anderen. Und im Allgemeinen merken wir das nicht.

Es gibt keine schlechte Kontemplation oder schlechte Meditation. Das sind alles Werturteile. Es gibt nur einen geübteren Geist und einen weniger geübten Geist. Die meisten Menschen haben einen reichlich wenig geübten Geist, weil das eben noch nicht so in unseren Denkprozess eingebürgert ist, dass man den Geist trainieren muss. Da haben wir schon eher viele Menschen, die ihren Körper trainiert und Körperübungen gemacht haben.

Wenn wir merken, dass der Geist abschweift – was er ganz sicherlich tun wird –, dann bringen wir ihn liebevoll, aber äußerst bestimmt wieder zurück zu dem, was gerade anliegt. Der Satz oder die Sätze, um die es sich handeln wird, bedeuten Möglichkeiten, sich selbst zu erkennen. Jede Kontemplation enthält eine Wahrheit für einen selbst, aber auch für jeden anderen. Wir wälzen also keine persönlichen Probleme. Obwohl wir bei der Untersuchung vielleicht merken, dass das eine oder andere mit einem persönlichen Problem zu tun hat, können wir sofort auch feststellen, dass dies universelle Wahrheiten sind. Kontemplation bedeutet, dass wir uns mit einem universell wahren Tatsachenbefund beschäftigen und ihn auf uns selbst beziehen. Solange wir das nicht auf uns selbst beziehen, haben wir nicht kontempliert. Dann haben wir nur darüber nachgedacht. Bei der Kontemplation muss dazukommen, dass wir versuchen zu erkennen, ob diese Tatsache bei uns stimmt. Es ist ein inneres Erkennen, ein erkanntes Erleben.

Die Schwierigkeit des Menschseins und die Schwierigkeit, ein guter Mensch zu sein, das sind allgemeine Probleme. Und da sollten wir schon untersuchen, wie es sich bei uns selbst entwickelt und zeigt. Wenn wir durch die Kontemplation, die wir jetzt machen werden, etwas in uns erfahren, was uns vielleicht gar nicht so gut gefällt, was ja leicht sein kann und ein sehr gutes Resultat wäre, sollten wir es nicht negativ beurteilen. Beurteilen und Verurteilen sind die beiden Schwierigkeiten, mit denen wir immer zu tun haben. Wir sollten uns freuen, es erkannt zu haben. Wirklich ehrlich freuen. «Ich habe etwas in mir erkannt.» Denn es ist erst möglich, etwas zu ändern, wenn man es erkannt hat. Daher: «Erkennen, nicht tadeln, ändern.» Eine Formel, die immer passt.

Wegweiser

Alles, was wir in uns erkennen, zeigt, dass wir auf dem Weg der spirituellen Läuterung sind. Solange wir glauben, der spirituelle Weg bestehe darin, sich auf das Kissen zu setzen oder sich mit irgendwelchen Büchern oder Lehren abzugeben, haben wir es nicht erkannt. Der spirituelle Weg fängt an und hat nur damit zu tun, den Weg nach innen zu finden. Alles, was uns der Buddha lehrt, sind Wegweiser. Er hat sich selber einen Wegweiser genannt. Was sind Wegweiser? Man schaut hin und sagt: Aha, in die Richtung geht es! Aber gehen müssen wir selbst.

Auf der praktischen Ebene geht das so vor sich, dass ich den Satz vorspreche, und ihr sprecht ihn mir bitte nach. Es prägt sich etwas besser ein. Es ist die alte Methode der

Wiederholung, von der der Buddha viel Gebrauch gemacht hat. In seinen Lehrreden ist unendlich viel Wiederholung. Und wieso? Weil wir sehr häufig hören, aber nicht aufnehmen können. Das ist nun einmal eine menschliche Schwäche. Der Buddha hat uns nicht verurteilt deswegen. Er hat nur unseren Schwächen Rechnung getragen. Auf vielen Ebenen. Wir werden den Satz also wiederholen und dann, nachdem wir ihn wiederholt haben, werde ich irgendetwas darüber sagen, was helfen soll, die Kontemplation durchzuführen.

Was ich sage, sind nur Vorschläge, wie man dem eigenen Innenleben nahe kommen kann. Wenn man selber eine bessere Idee hat, so sollte man sie verwenden. Man muss bei der Meditation und Kontemplation auch individuell etwas einfallsreich sein, etwas kreativ. Es sind nicht nur harte und feste Regeln, denen man unbedingt folgen muss und mit denen man irgendwann und irgendwo einmal Erfolg haben wird. Nichts könnte ferner von der Wahrheit sein. Individuelles, kreatives Denken, um das Innere zu erleben, ist äußerst hilfreich. Nicht phantasieren, nicht sich etwas einreden über sich selbst. Sondern konzentriert vorgehen. Kontemplation ist eine Untersuchung mit einem einzigen Thema. Wann immer der Geist abschweift, ihn wieder zurückholen.

KONTEMPLATION I:

Liebende Güte

Zu Beginn lenken wir die Achtsamkeit für ein paar Momente auf den Atem.

Und jetzt bitte mir nachsprechen:

Möge ich frei sein von Feindseligkeiten!

Da wäre zu untersuchen, ob und wie oft sich der Geist in Feindseligkeiten bewegt: Ablehnung, Widerwillen, Ärgernis. Wo man andere Menschen als Feinde, als Gegner sieht, als solche, die einem übel wollen. Wenn wir das haben, dann gleichzeitig untersuchen, wie man sich dabei fühlt. Ob das eine Art und Weise des Denkens ist, die Glück und Frieden bringt, oder das Gegenteil, ob wir dadurch negativ und unruhig werden. Wenn wir feststellen, dass diese Feindseligkeiten, die wir in uns tragen, nicht zu unserem Wohl gereichen, einmal nachdenken, ob man sie fallen lassen könnte. Oder ob man immer noch damit beschäftigt ist, andere Menschen für die eigenen Feindseligkeiten verantwortlich zu machen. Ob man glaubt, dass die eigenen Feindseligkeiten berechtigt sind, weil andere sich nicht so benehmen, wie man wünscht. Statt zu wissen, dass die eigenen Feindseligkeiten einem selbst nur zum Unheil werden.

Möge ich keine Lebewesen verletzen!

Da gilt es zu überlegen, wie Verletzungen stattfinden. Sehr häufig, weil man sich selbst verletzt fühlt. Ist das ein genügender Grund, um andere zu verletzen? Es bedeutet nicht, dass man alles mitmachen muss, was andere tun oder vielleicht sogar verlangen. Es bedeutet nur, dass wir die Feindseligkeit, das Verletzenwollen loslassen. Vor allen Dingen, wenn wir glauben verletzt zu werden. Das eine hat mit dem anderen nichts zu tun. Wenn wir verletzen, machen wir schlechtes Karma. Wenn andere uns verletzen, machen diese schlechtes Karma. Wir können die beiden Dinge total auseinander halten. Das bezieht sich auf die Verletzung auf körperlicher, mentaler und emotionaler Ebene. Es bezieht sich natürlich auch darauf, wie man mit sich selbst umgeht. Wenn man für sich selbst Zuneigung, Freundschaft und Fürsorge hat, so wird es leichter sein, das für andere zu haben. Es ist nötig, in sich selbst hineinzuschauen und zu sehen, ob Verletzungen, die natürlich Reaktionen hervorbringen, öfter, selten oder gar nicht stattfinden.

Möge ich frei sein von körperlichen und geistigen Schwierigkeiten!

Zuerst sollte man einmal die eigenen Schwierigkeiten erkennen. Auf der körperlichen Ebene ist das nicht allzu schwierig. Es ist mit Schmerzgefühl verbunden, und wir sind oft geneigt, das zu wichtig zu nehmen. Dennoch hat der Buddha uns angewiesen, den Körper auch gut zu behandeln, fürsorglich, so dass er möglichst wenig Schwierigkeiten macht. Die hauptsächlichen Schwierigkeiten liegen im Geist. Können wir unser eigener bester Freund sein, um unsere geistigen Schwierigkeiten fallen zu lassen, loszulassen? Und dadurch auch viel weniger Schwierigkeiten in unsere Umwelt zu bringen? Können wir erkennen, was unsere größten Schwierigkeiten sind, die wir im Geist mit uns herumtragen? Können wir erkennen, wie wir sie loslassen könnten? Können wir das Prinzip des Etikettierens und Ersetzens hier anwenden?

Möge ich fähig sein, mein eigenes Glück zu beschützen!

Dies ist eine wichtige Untersuchung, eine wichtige Kontemplation um festzustellen: Was bedeutet mein eigenes Glück? Und sehr häufig kommt man dabei zu dem Schluss, dass gewisse äußere Dinge dazu nötig sind, um glücklich zu sein: Menschen, Situationen, Sicherheiten, Erlebnisse, alles Dinge, die außerhalb von uns selbst liegen. Oder man kommt zu dem Schluss, dass man, um glücklich zu sein, gewisse äußere Dinge loswerden, sich entfernen muss. Es gilt zu untersuchen, ob das stimmt. Wo Glück wirklich liegt und zu empfinden ist, und wie man es beschützen kann. Denn Sicherheiten für äußere Dinge gibt es auf der Welt nicht.

Mögen alle Lebewesen frei sein von Feindseligkeiten!

Das ist ein Wunsch, den wir sehr oft hegen: Alle anderen sollen frei sein von Feindseligkeiten. Dass diese Feindseligkeiten aber nur auf uns selbst zurückkommen, wenn wir sie in uns tragen, das vergessen wir. Wenn wir nun also wünschen, dass andere frei sind von Feindseligkeiten, dann nicht darum, weil es für uns einfacher ist, sondern darum, weil es denjenigen Menschen dann besser geht. Für deren Wohl, nicht für unser eigenes Wohl. Für unser eigenes Wohl müssen wir frei sein davon. Das bedeutet also, dass wir anderen das Beste und Schönste wünschen, was wir uns vorstellen können für deren Glück.

Mögen alle Menschen einander nicht verletzen!

Hier gilt das Gleiche. Wir wünschen es für deren Wohl. Und wenn wir selbst schon einen Weg gefunden haben, können wir ihn vielleicht vermitteln. Aber im Prinzip ist es nichts anderes, als das Schönste und Höchste anderen zu wünschen für deren inneres Glück und inneren Frieden.

Mögen alle Menschen frei sein von geistigen und körperlichen Schwierigkeiten!

Diesen Wunsch können wir nur mit wirklicher Stärke hegen, wenn wir selbst an uns arbeiten, und das, was wir in uns schon erarbeitet haben, allein durch Anwesenheit, allein durch Gedanken, Sprache vermitteln können. Es bedeutet nicht, alles das zu machen, was andere wollen. Es bedeutet einzig und allein, den Menschen das Gute zu wünschen und in sich selbst das Gute zu erarbeiten.

Mögen alle Menschen fähig sein, ihr eigenes Glück zu beschützen!

Dazu kommt natürlich auch die Überlegung: Wie können wir dazu beitragen, dass andere Menschen ihr eigenes Glück erst einmal erkennen und dann auch beschützen?

2

Dukkha – Das Leid als Lehrmeister

Zwei Ebenen

Wenn wir die Worte des Buddha lesen, müssen wir einen Unterschied machen, ob er von der relativen Ebene aus gesprochen hat oder von der absoluten. Wenn man nicht weiß, was die absolute Ebene ist, dann missversteht man die relative. Dann weiß man nicht, was er sagt.

Man liest da, dass es ja gar kein Ich gibt, und kommt dann mit diesem wunderbaren Satz an: «Na, wenn es kein Ich gibt, wozu sitze ich denn hier und bemühe mich so?» In den vielen Jahren meiner Lehrtätigkeit habe ich diesen Satz bestimmt Hunderte von Malen gehört. In verschiedenen Variationen natürlich, nicht immer in denselben Worten, aber in derselben Bedeutung. Wenn es kein Ich gibt, wer macht dann «liebende Güte»? Wenn es kein Ich gibt, wer wacht dann frühmorgens eigentlich auf? Wer läuft denn da herum und überlegt, wie er sich jetzt anziehen müsste? Wer ist denn das? Eine Phantasiefigur? Ja. Das ist es. Aber das muss man erst mal erleben!

Auf der absoluten Ebene gibt es kein Ich. Das stimmt. Auf der relativen Ebene hat jeder eines. Kräftig, fordernd, immer bereit, sich zu zeigen. Und ständig in irgendeiner Unruhe. Wenn der Buddha davon spricht, dass man gewisse Dinge tun soll, dann bezieht er sich auf die relative Ebene. Denn auf der absoluten Ebene ist nichts mehr zu tun. Da ist keiner mehr da, der etwas zu tun hat. Also, nicht die beiden Ebenen verwechseln. Sie sind derart weit auseinander, als wären es Gleise, die nie zusammenkommen. Sie laufen auf so verschiedenen Ebenen, dass sie nur dann eines Tages zusammenkommen, wenn man das Gleis der relativen Ebene verlassen und sich auf das andere Gleis begeben hat.

Gleich nach seiner Erleuchtung hat der Buddha erklärt, dass jegliche Existenz Dukkha ist. Leid, Kummer, Sorgen, Jammer, Schwierigkeiten, Schmerzen, nicht zufrieden stellend, unzufrieden sein. Alles das bedeutet Dukkha. Das ist die Erste Edle Wahrheit, die Buddha von sich gegeben hat. Die gilt nur für die relative Ebene, auf der wir uns befinden.

Dazu hat er eine Zweite Edle Wahrheit erklärt. Die Vier Edlen Wahrheiten seines Erleuchtungserlebnisses sind die ganze Lehre im Telegrammstil. Die Zweite Edle Wahrheit ist, dass es nur einen einzigen Grund für Dukkha gibt. Und das sind unsere Begierden, unsere unerfüllbaren Wünsche. Das ist die ewige Unruhe, die sich in uns breit macht und die nur derjenige erkennt, der schon mal Ruhe erlebt hat. Alle anderen wissen es überhaupt nicht, dass sie ständig von Unruhe geplagt sind. Und diese Unruhe, die uns plagt, ist darauf zurückzuführen, dass wir nie ganz befriedigt sind. Wir suchen einen Ausweg aus Dukkha, aus dem Leiden.

Sündenböcke

Nun ist Leiden etwas, das man ganz leicht erkennen kann, wenn man sich ein Bein bricht. Oder wenn der Partner wegläuft. Oder wenn jemand stirbt. Oder wenn man etwas unbedingt haben will und es nicht bekommt. Da kann man ganz deutlich erkennen: alles Dukkha. Und das kennen wir auch alle. Das passiert bei jedem. Doch wir haben dann so verschiedene Muster, wie wir damit umgehen. Das allerbeliebteste, das immer wieder benutzt wird und total sinnlos ist: Irgendjemand ist daran schuld. Damit wird vollkommen verschleiert, dass das Leiden nur daran liegt, dass wir etwas wollen, was wir nicht bekommen, oder etwas bekommen, was wir nicht wollen.

Leiden hat nur einen einzigen Grund: Entweder ich kriege das, was ich nicht will, oder ich bekomme das nicht, was ich will. So einfach ist das. Da ist nirgendwo ein Sündenbock zu finden, auch wenn man es noch so geschickt anstellt und sich diesen Sündenbock hervorholt. Meist einen, der körperlich am nächsten ist. Den kennt man am besten. Wer soll sonst schuld daran sein?

Nun hat der oder die vielleicht mal gerade nichts gemacht. Dann müssen es die sein, mit denen man früher zusammengelebt hat! Ganz beliebter Sündenbock: die Eltern. Wenn man jetzt selber Eltern ist, guckt man sich die Sache natürlich ein bisschen anders an, nicht? Dass man sich selber die eigenen Eltern ausgesucht hat, weiß man auch. Und dennoch: Die haben so viele Fehler gemacht. Natürlich haben sie Fehler gemacht. Sie sind nämlich auch nicht erleuchtet.

Was die Eltern alles falsch gemacht haben! Und der Partner oder die Partnerin. Da haben wir eigentlich schon die schlimmsten Sündenböcke einmal aufgezählt. Dann gibt es noch den Chef, den man etwas leichter ändern kann. Mit den Eltern hat man gar keine Chance. Die kann man nicht ändern. Die kann man nur ignorieren, was ja oft genug getan wird und nach des Buddhas Lehre ganz besonders schlechtes Karma macht. Und mit dem Partner, na, da hat man dann zu tun, den zu ändern. Das sind so die Sachen, die immer wieder herbeigezogen werden, immer wieder.

Wenn man damit nicht aufhört und das vollkommen fallen lässt, aber total, kann man keinen spirituellen Weg beschreiten. Da kann man sich noch so lange einreden, wie spirituell man ist. Wenn man nicht aufhört, sich mit diesen Rechtfertigungen abzugeben, gibt es keine Spiritualität.

Die Spiritualität ist unser Wesen. Wir sind spirituelle Wesen. Und was außen um uns vor sich geht, sind die Knöpfe, die gedrückt werden, um uns zu bezeugen und zu zeigen, ob wir überhaupt schon mit unserer Spiritualität etwas näher an die Wahrheit gekommen sind, oder ob wir immer noch genau dasselbe tun wie alle andern. Weiter gar nichts.

Dukkha, das Leiden, welches unsere Sündenböcke uns verabreichen, ist unser bester Lehrmeister. Nur das. Aber nicht um Gottes willen das jetzt falsch verstehen: «Na, dann muss ich dem eben was beibringen.» Bloß nicht! Der Lehrmeister ist für uns. Nicht dem anderen was beibringen. Der hat ja sein eigenes Dukkha, seinen eigenen Lehrmeister. Das Dukkha ist unser Lehrmeister, unser Partner. Nicht jemand anderem was beibringen.

Die innere Unruhe erkennen

Es geht darum, dass wir unsere Reaktionen kennen lernen und damit uns selbst. Dadurch einmal verstehen, was uns eigentlich abhält davon, glücklich zu sein. Vielleicht mal aufschreiben, wann, wie oft und wie lange man hundertprozentig glücklich war. Das kann ruhig nach Minuten gehen. Und was der Anlass dazu war. Ruhig mal aufschreiben und zusammenaddieren. Im ganzen Leben, soweit man sich erinnern kann.

Was ich suche im Leben, ist Glücklichsein. Vollkommen berechtigt. Aber dann ist die Frage: Wie macht man das? Und da die meisten Menschen keine Ahnung haben, wie man das macht, und es sehr wenige Menschen gibt, die es einem erklären können, so versucht man auf irgendeine Art und Weise, diesen Trieb, der uns die Unruhe verschafft, zu befriedigen. Wären wir total zufrieden, dann wäre kein Trieb mehr da. Dann könnten wir ganz ruhig sitzen, ohne jegliche Gedanken und Wünsche, ohne nach Erfolgen und Resultaten zu suchen. Wir brauchten uns nicht immer wieder zu beruhigen, sondern wir würden vollkommen beruhigt sein.

Doch das ist nun einmal nicht der Fall. Merken kann das nur derjenige, der diesen Trieb zwischendurch auch mal nicht hat – alle anderen merken es gar nicht. Die wissen gar nicht, wie unruhig sie sind. Was fängt man nun an mit diesem Trieb? Er ist das, was uns hin- und herjagt. Er jagt uns von einer Beschäftigung, von einer Situation, von einem Menschen zum nächsten. Und wenn dann gar nichts mehr möglich ist, dann müssen wir uns ein Buch vornehmen. Oder den Fernseher einschalten.

Irgendwas muss geschehen! Wieso? Weil der Geist ständig auf der Suche ist – auf der Suche nach Befriedigung. Diese unterschwellige und stets vorhandene Begierde ist die nicht so leicht zu durchschauende Ursache für unser Leiden. Die anfangs erwähnten ganz schlimmen Dukkhas sind einfach zu erkennen. Jeder weiß, wenn er Schmerzen hat, wenn er krank ist, wenn Dinge nicht funktionieren. Aber diese unterschwellige Unruhe ist das, was uns am meisten zu schaffen macht.

Jetzt ist es so: Diese unterschwellige Unruhe ist an sich ein bedeutsamer Schritt, um uns zur absoluten Wahrheit zu führen. Wir benutzen sie nur nicht dazu. Wir gehen stattdessen auf Reisen oder einkaufen. Wir unterhalten uns. Wir telefonieren. Wir versuchen, irgendwie Erfolge zu haben. Irgendetwas muss geschehen. Man greift zum Alkohol oder zu Drogen, die einen beruhigen sollen. Was natürlich schlimmer ist, als wenn man zum Buch greift. Aber es liegt alles auf derselben Ebene.

Suche nach Anerkennung

Man möchte endlich einmal diese innere Unruhe loswerden. Was einen da antreibt, ist auch ständig mit Resultatdenken verbunden. Das Resultat soll natürlich so sein, wie ich es gerne hätte. Nicht nur, dass ich damit auf materieller Ebene Erfolg habe, nein, ich soll geliebt, anerkannt, bewundert, unterstützt werden usw. Bei manchen Menschen ist das derart stark, dass sie anfangen zu weinen, wenn es nicht passiert. Erwachsene, nicht kleine Kinder! Andere wiederum betteln um die Anerkennung. Und die meisten, die wollen sie einfach haben.

Nun kommt man also irgendwohin, wo andere Menschen sind, und jeder will das Gleiche, will bestätigt werden. Das kann doch nicht funktionieren! Und funktioniert ja auch nicht. Viele versuchen es mit Schmeicheln. Der Buddha hat das lügen genannt. Das hat überhaupt keinen Sinn. Aber loben, wo Lob hingehört, ist Anerkennung schenken. Da muss man aber aufhören, Anerkennung zu suchen. Und das ist den meisten Menschen unmöglich. Die wollen ihre Unruhe durch Anerkennung loswerden, weil das eine gewisse Festigkeit für ihre Persönlichkeit zu geben scheint.

Die Dringlichkeit der Praxis

Dabei wäre diese innere Unruhe ein ganz wunderbarer Antrieb für das, was der Buddha die «Dringlichkeit der Praxis» nannte. Nämlich wenn man die innere Unruhe endlich mal spürt – und ich glaube, dass sie bei der Meditation ganz deutlich zu spüren ist. Keiner muss denken, doch jeder denkt. Das ist die Unruhe, die in uns herrscht. Denn ohne Denken kommt keinerlei Selbstbestätigung. Überhaupt keine.

Erst wenn wir unser Dukkha auf dieser subtilen Ebene erkannt haben – und nicht auf der, wo alles schief läuft –, erst dann kommt der Moment, wo einem die Dringlichkeit der Praxis klar wird. Erst wenn wir gesehen haben, dass Dukkha immer, die ganze Zeit in uns herrscht, weil der vollkommene Frieden und Glückszustand in einem selbst nicht vorhanden ist, erst dann werden wir richtig praktizieren.

Der Buddha hat gesagt: «Ich lehre nur eines: wie das Leiden loszuwerden ist.» Doch nicht nur momentan, sondern permanent. Und dieses Loswerden des Leidens bedeutet nicht, dass es dann kein Leiden mehr gibt. Es bedeutet nur, dass es einen nicht mehr tangiert, dass der Geist nicht mehr unglücklich wird dadurch. Dass er nicht mehr emotional reagiert. Das ist der Weg, den der Buddha gezeigt hat.

Aber dazu gehört natürlich das Erkennen der Dringlichkeit der Praxis. Und die Praxis bedeutet nicht nur, auf so einem Kissen oder kleinen Bänkchen zu sitzen. Das ist ein Mittel zum Zweck, ein absolut notwendiges Mittel. Es ist aber nur die Brücke. Es ist nicht das Ziel. Die Praxis ist etwas anderes. Die Praxis ist von morgens bis abends, innerhalb und außerhalb der Meditation. In der Meditation versuchen wir, den Geist zu sammeln, uns zu konzentrieren. Aber außerhalb der Meditation müssen wir achtsam auf uns selber aufpassen. Denn kein anderer wird achtsam auf uns aufpassen. Die Zeiten sind vorbei. Das war Kleinkinderkram. Jetzt müssen wir auf uns selber aufpassen – von morgens bis abends.

Wenn jemand das zum ersten Mal hört, dann denkt er vielleicht: «Ach, das ist aber mühsam.» Das Gegenteil ist viel mühsamer: nicht auf sich aufzupassen. Denn da passiert einem ein Malheur nach dem anderen, lauter emotionale Unfälle. Und die kennt wohl jeder. Doch da man nicht aufgepasst hat, weiß man gar nicht, wieso da ein

Unfall passiert ist. Genau wie auf der Autobahn. «Ach, ich habe den ja gar nicht gesehen.»

Achtsamkeit ist nur am Anfang mühsam. Sie wird recht schnell zur Gewohnheit. Dann haben wir den Anfang der Praxis gemacht. Meditieren ist das Hilfsmittel, ständige Achtsamkeit ist die eigentliche, ununterbrochene Praxis.

Und wenn wir uns dann so weit erkennen, dass wir die innere Unruhe auch feststellen können, den Trieb, der in uns herrscht: dorthin, hierhin, das machen, jenes machen, jemand Neuen kennen lernen, irgendwelche neuen Dinge versuchen … Wenn wir das mal in uns erkennen, dann wird uns klar: Das Neue, was es auf dieser Welt gibt, sieht nicht anders aus als das Alte, das wir schon kennen. Es hat vielleicht einen anderen Namen, heißt vielleicht Peter statt Paul oder Johanna statt Sieglinde. Aber sonst ist es alles dasselbe.

Rabbi Hillel, einer der berühmtesten jüdischen Rabbis zur Zeit der Zerstörung des Tempels im ersten Jahrhundert unserer Zeitrechnung, hat gesagt: «Es ist alles schon einmal da gewesen.» Alles. Wir haben alles schon gemacht. Nicht nur jemand anderes, wir selber haben es schon gemacht.

Wenn wir uns also mit dieser Unruhe immer wieder auf etwas Neues verlegen, was auf der weltlichen Ebene zu finden ist, kommt nichts dabei heraus. Das ist alles das Alte. Wenn wir uns aber auf das verlegen, was beim Buddha zu finden ist, dann können wir seinen Worten effektiv folgen – seiner Lehre, wie man Dukkha loswird. Und nicht, dass der Körper nie mehr krank wird, dass es keine Armut mehr auf der Welt gibt. Dass keine Kriege ausbrechen. So etwas hat er nie gesagt und nie versprochen.

Alle Menschen sind dem ausgesetzt. Doch der innere Mensch, unser Innenleben, das einzige Leben, mit dem wir wirklich zu tun haben, das sieht dann ganz anders aus. Das hört eine andere Melodie, sieht ein anderes Bild.

Das heißt also, wenn wir uns an die Arbeit machen,

dann mal was ganz Neues: uns die Worte des Buddha merken, wiederholen, zu Herzen nehmen. Denn nur da kann es passieren: in unserem Herzen. Solange es in unserem Geist herumschwirrt, ist ja nett, wunderbar. Doch was passiert denn da schon? Unser Geist schwirrt doch die ganze Zeit! Manchmal könnte einem so ein Geist vorkommen wie eine Wespe. Und das Geräusch, das die Wespen machen, könnte auch noch stimmen. So unangenehm ist das. So einer Wespe weicht man aus. Man will nicht gestochen werden. Wie weicht man denn seinem Geist aus? Der sticht einen doch andauernd.

Stattdessen sich mal die Worte zu Herzen nehmen: Was ist wirklich zu tun? Was sollte ich wirklich mit meinem Leben machen? Sollte ich mal so nebenbei ein bisschen meditieren, ein bisschen achtsam sein? Oder nebenbei mal versuchen, nicht andere Leute zu beschuldigen? Oder nebenbei mal sehen, ob ich nicht doch meine Emotionen ändern könnte? Oder sollte ich das mal hauptsächlich tun?

Zeit zum Praktizieren

Das ist keine Zeitfrage. Zeit ist unendlich. Als Hauptsache das zu tun, was ich eben erwähnt habe, nimmt überhaupt nicht mehr Zeit in Anspruch, als auf der relativen Ebene nach Abwechslung zu suchen. Im Gegenteil, es geht viel schneller. Und die meisten Abwechslungen kennen wir schon. Die Zeit, mit der wir immer zu tun haben, haben wir selber hergerichtet mit kleinen Uhren. Was günstig ist, damit man weiß, wann man sich treffen soll.

Ansonsten ist Zeit ein Gefühl. Wenn wir hier völlig unkonzentriert sitzen und der Geist wie eine Wespe herumschwirrt, dann kommt alle zwei bis drei Minuten der Gedanke: «Na wann geht denn nun endlich die Klingel?

Die hat es bestimmt vergessen. Das muss doch schon längst vorbei sein. Also das dauert ja ewig.» Ein anderer, der es mal geschafft hat, diese Wespe rauszuwerfen, und vielleicht einige Zeit konzentriert ist, der wundert sich, dass die Klingel schon geht. Und zwar in genau derselben Zeitspanne.

Zeit ist persönlich. Und sich einzureden, dass man keine Zeit zum Praktizieren hat, ist Dummheit. Der Buddha hat gesagt: «Das macht nur ein Narr.» Man praktiziert nämlich, während man alles andere macht: Toiletten säubern, Mittagessen kochen, den Garten in Ordnung halten, Wäsche waschen, im Büro sitzen. Alles dient zur Praxis, wenn wir unser Innenleben dabei beachten und läutern.

Die Egozentrik durchschauen

Und was bedeutet Läutern? Alles, was egozentrisch ist, loslassen. Das ist ein Riesenwort, gelassen ausgesprochen. Aber wie sollen wir uns sonst ausdrücken? Das ist unser schlimmstes Unglück, diese Egozentrik, mit der wir uns selbst bestätigt haben wollen. Und es funktioniert ja auch nicht. Es bringt ja immer mehr Unruhe. Denn einmal bestätigt, wollen wir immer wieder bestätigt werden. Es bleibt ja nicht bei einem Mal. Es muss ja ständig sein.

Wir haben im Buddha-Haus *(in Oy-Mittelberg, siehe Adresse S. 223)* eine große Ansichtskarte. Da ist ein Teil der Milchstraße abgebildet. Und darin der Planet Erde, wie der Kopf einer Stecknadel. Darauf befinden sich Milliarden von Menschen. Und dieser eine einzige Mensch, der Ich heißt, der ist wichtig? Der ist vollkommen anders als all die anderen? Weiß mehr? Weiß alles besser? Kann mehr? Oder umgekehrt: Kann gar nichts und kann alles schlechter? Kann das stimmen? Da stimmt doch irgendetwas nicht!

Dass es nicht stimmt, merkt man daran, dass man nicht glücklich ist. Nicht bedingungslos glücklich und friedlich. Sondern immer noch irgendetwas braucht. Und dieses Brauchen ist der Trieb, ist die Begierde. Und dieses Habenwollen ist das, was uns so unruhig macht.

Wenn wir diese Egozentrik in uns erkennen können, dann haben wir aber wirklich viel geleistet. Denn in dem Moment, wo wir sie erkennen, wird es uns ganz sicher möglich sein, sie ab und zu, nicht andauernd, aber ab und zu einmal loszulassen und an jemand anderen zu denken. Nicht weil wir müssen. Nicht weil wir irgendwelche Kinder zu Hause haben, die gefüttert werden müssen. Das ist Muss. Nein, weil wir wissen, dass alles eins und keiner wichtiger ist als die anderen.

Natürlich können wir das nicht ohne Pause und sofort. Das muss gelernt sein. Das ist Praxis. Praktizieren bedeutet lernen. Was wir in unseren Schulen, Hochschulen und Universitäten lernen, das sind alles Informationen. Wissen, mit dem man Geld verdienen kann. Das muss man auch. Aber es ist nicht ein Lernen, das uns vom Dukkha wegbringt.

Das hat der Buddha uns gezeigt. An sich hat jeder spirituelle Lehrer, von dem es überhaupt wert ist zu sprechen, nur den Wunsch gehabt, den Menschen, mit denen er zusammengekommen ist, zu zeigen, wie man glücklich sein kann.

Wieso kümmern wir uns nicht alle um dieses Prinzip, sondern versuchen, unser Glück auf einer Ebene zu finden, auf der es nicht vorhanden ist? Es ist so närrisch, wie es nur sein könnte. Wenn wir mal loslassen könnten von den Dingen, die wir suchen, hätten wir etwas Freiraum. Und das ist wichtig, ganz wichtig. Solange wir diese Dinge, die wir suchen, voll und ganz in uns verankern möchten, ist ja kein Freiraum in unserem Herzen, was Neues zu machen. Da ist ja kein Platz, ist ja alles voll!

Wir sind wie Tongefäße

Der Buddha hat gesagt: «Es gibt nur wenige Menschen mit wenig Staub auf den Augen.»

Und er hat uns auch mit vier Arten von Tongefäßen verglichen. Alles nicht sehr schmeichelhaft. Er hatte auch gar nicht die Absicht, uns zu schmeicheln. Er wollte uns die Wahrheit sagen.

Das erste Tongefäß hat unten große Löcher. Da gießt man die Lehre, das Dhamma, oben rein und unten läuft es raus. Das heißt also: Man hört die Lehre und sagt: «Wunderbar, großartig.» Oder man liest sie und sagt: «Also ich bin absolut berührt.» Aus, fertig. Das Buch kommt zurück in die Bibliothek.

Das zweite Tongefäß hat Risse. Da gießt man das Wasser rein. Und dann sickert es raus. Nach einem Jahr erinnert man sich: Ich müsste mal wieder zum Kurs kommen.

Das dritte Tongefäß ist das schlimmste. Mit dem ist überhaupt nichts anzufangen. Es ist bis oben hin voll mit Wasser. Da kann man kein frisches reingießen. «Ich weiß das alles schon.» Gerne geglaubt. Aber kann ich das alles schon? Oder weiß ich es nur? Wenn ich alles schon kann, bin ich erleuchtet. Wenn ich es nur weiß: das alte, abgestandene Wasser raus und neues rein!

Das vierte Tongefäß hat weder Löcher noch Risse, noch hat es Wasser drin. Da kann man neues Wasser reingießen. Das ist dann die ideale Art. Buddha hat uns schon die Möglichkeit zugestanden, auch auf die ideale Art zu sein. Wir können es uns aussuchen.

Es gibt Menschen, die wirklich glauben, sie wissen schon alles. Weil sie sehr viel gelesen und nachgedacht haben, was ja auch nicht falsch ist. Aber was ist dabei herausgekommen? Ein genauso unruhiger Mensch wie jeder andere? Oder ein Erleuchteter? Das ist die einzig wichtige Frage.

Platz im Herzen?

In unserer Gesellschaft wird sehr viel gelesen. Das ist auch nicht falsch. Man kann sich dadurch Wissen aneignen, aber nicht Weisheit. Wissen und Weisheit sind zwei vollkommen verschiedene Dinge. Und hier geht es nur um Weisheit. Es geht um die Weisheit, die Dringlichkeit zu erkennen: nämlich die innere Unruhe als Antrieb für den spirituellen Pfad zu benutzen und nicht, um sich Abwechslung zu verschaffen oder zu zeigen, was man alles weiß.

Obwohl es uns hilft, um des Buddhas Anweisungen zu wissen, helfen sie uns überhaupt nicht, wenn wir sie nicht befolgen können. Allerdings hat der Buddha gesagt: «Jeder kann es.» Da gibt es niemand, der es nicht kann. Es ist nur eine Frage des Wollens. Und da kommt natürlich die Schwierigkeit: Kann ich mich überhaupt erinnern daran, was er gesagt hat? Das ist das Erste. Nachdem ich mich erinnert habe, was mache ich damit? Bemühe ich mich darum? Bemühe ich mich um die Läuterung? Habe ich Platz in meinem Herzen? Lasse ich die Suche nach dem Alten mal sein und suche was Neues? Und wenn ich Platz habe in meinem Herzen, was suche ich denn? Suche ich den wirklichen Pfad zum Ende allen Leidens?

Wir haben die Möglichkeit, durch des Buddhas Lehre Glück und Frieden im Herzen zu finden, ganz unabhängig davon, wer wir sind, wo wir sind, wie wir sind. Aber wir müssen dazu unser egozentrisches Denken Stück für Stück vermindern. Immer wieder sehen: Nicht ich, sondern alle. Nur dann geht es. Und es geht. Der Buddha hat es versprochen. Tausende sind dem Weg gefolgt und haben es gekonnt. Warum sollten wir es nicht können? Wir haben die besten Voraussetzungen.

Es geht uns en masse so gut, wie es selten einer Gesellschaft gegangen ist. Natürlich denkt da überhaupt keiner daran, wie gut es uns geht. Jeder schimpft nur. Es ist zu sonnig, zu schattig, zu kalt oder zu warm. Dankbarkeit dafür, wie gut es uns geht, öffnet unser Herz. Tiefe Dankbarkeit für diese große Möglichkeit, die wir haben, uns vollkommen vom Leiden zu entfernen, es nicht mehr als Leid zu spüren.

KONTEMPLATION II:

Über das Leiden (Dukkha)

Zu Beginn richten wir für ein paar Momente die Achtsamkeit auf den Atem.

Das erste Dukkha, das wir uns ansehen wollen, ist, ob wir vor irgendetwas Angst haben. Und wenn ja, was es ist, wie wir es nennen. Und warum haben wir Angst davor? Und wenn wir glauben, dass wir vor nichts Angst haben, dann das noch einmal genau untersuchen.

Und jetzt wollen wir einmal untersuchen, ob irgendetwas Bestimmtes in unserem Leben vorhanden ist, das uns unzufrieden macht. Wenn ja, warum? Woran liegt die Unzufriedenheit? Können wir diese Unzufriedenheit loslassen? Wenn nichts in unserem Leben zu finden ist, das uns unzufrieden macht, noch einmal nachschauen.

Und jetzt wollen wir einmal in uns gehen und erkennen, ob irgendetwas in unserem Leben ist, das wir unbedingt haben wollen. Und wenn ja, warum? Und ob uns dieses Habenwollen glücklich macht. Und wenn wir erkennen, dass es dies nicht tut, können wir dieses Habenwollen loslassen?

Und jetzt wollen wir einmal schauen, ob etwas in unserem Leben ist, das wir unbedingt behalten wollen. Und wenn ja, warum? Und bringt uns dieses Behaltenwollen Glück? Können wir, wenn auch nur kurzfristig, von dem Behaltenwollen loslassen?

Wir wollen einmal untersuchen, ob wir häufig damit beschäftigt sind, andere als die Ursache unseres Dukkhas anzusehen. Und es vielleicht sogar zu sagen. Wenn wir es erkennen, können wir loslassen?

Und wir wollen einmal versuchen zu erkennen, ob wir uns auf unsere Sinne verlassen, um uns Glück zu bringen. Und dann schauen, ob dieses Glück durch die Sinne wirkliches Glück ist und bleiben kann.

Wir können einmal schauen, ob wir Reaktionen haben, die sich stets wiederholen und die immer wieder Dukkha verursachen. Und wenn wir sie finden können, einmal untersuchen, wieso wir die gleichen Reaktionen immer wieder haben.

Wir wollen einmal schauen, ob wir die Veränderlichkeit und die Vergänglichkeit unserer Sinneskontakte als Dukkha erkennen können. Oder ob wir es einfach hinnehmen und uns immer wieder neue besorgen wollen.

Können wir die Erste und Zweite Edle Wahrheit, dass Existenz Dukkha ist und dass es nur einen einzigen Grund dafür gibt, das Habenwollen oder Loswerdenwollen, in uns selbst als Wahrheit erkennen? Oder scheint es uns fremd? Wenn es uns fremd erscheint, wieso? Den Grund dafür finden.

Jetzt wollen wir einmal schauen, ob wir auf irgendetwas in unserem Leben angewiesen sind außerhalb von uns selbst, um glücklich zu sein. Und wenn wir das finden, finden wir auch die Angst vor Verlust. Selbst erkennen. Können wir das finden?

Können wir die Sehnsucht nach dem Ende allen Dukkhas in unserem Herzen verspüren? Können wir erkennen, dass das Ende allen Dukkhas nur in unserem eigenen Herzen zu finden ist? Oder glauben wir, dass wir die Welt so einrichten können, dass sie uns kein Dukkha bereitet? Wie weit erkennen wir uns selbst in dieser Beziehung?

Haben wir Erwartungen an Menschen oder Situationen, die unser Dukkha vermindern oder vollkommen verschwinden lassen sollen? Und wenn ja, wie stellen wir uns das vor?

Und als Letztes: Welche Erwartungen haben wir an uns selbst, um unser Dukkha zu vermindern oder verschwinden zu lassen? Und wie stellen wir uns das vor?

Mögen alle Menschen vollkommen befreit von Dukkha werden.

3

Karma und Loslassen

Antworten auf Fragen

Läuterung

Ich werde die gestellten Fragen nicht einzeln beantworten, sondern eine Zusammenfassung der Fragen benutzen. Zwei Sachen scheinen nicht klar zu sein. Das eine ist Karma, das andere ist Loslassen.

Jeder Gedanke, den wir haben, macht Karma. Daher etikettieren und ersetzen. Wer negativ denkt, macht schlechtes Karma für sich. Weiter gar nichts. Und wenn man das nicht wissen will, macht man immer mehr schlechtes Karma. Dann fühlt man sich schlechter und schlechter. Und da man nicht wissen will, dass man selber das schlechte Karma gemacht hat, so sucht man immer wieder jemand, der daran schuld sein muss. Da ist wohl kein Mangel an Sündenböcken – bei sechs Milliarden Menschen. Irgendeinen werden wir schon finden. Möglichst den, der nahe ist. Körperlich nah, da kommen wir leicht ran und können uns dann mit dem in einer Art auseinander setzen, die noch mehr schlechtes Karma macht. Wozu wir das tun, ist unverständlich. Wir machen nur uns selbst unglücklich.

Wenn der andere bereits in der Meditation geübt ist, dann lässt er sich davon überhaupt nicht stören. Er empfindet Mitgefühl für den, der mit seinen Gedanken und Worten so viel schlechtes Karma macht. Gehen wir jedoch auf jemand los, der nicht geübt ist, dann haben wir als Endresultat wahrscheinlich zwei Menschen, die schlechtes Karma machen. Der eine, der gedacht und gesagt hat, und der andere, der darauf negativ reagiert.

Ich glaube, es wäre sehr hilfreich für jeden, das einmal als Kontemplation zu benutzen: wozu man sich mit negativen Gedanken abplagt und sie noch damit rechtfertigt, dass irgendjemand etwas gesagt hat, was uns nicht passt. Ist diese Welt so arrangiert, dass sie uns passen sollte? Jeder trägt eine andere Kleidergröße. Wie kann die ganze Welt uns passen? Ist doch lächerlich.

Wieso sind wir so schnell bei der Hand mit Negativitäten und Ablehnungen, nicht aber mit Anerkennung, Vertrauen, Liebe und Hingabe? Wäre das nicht viel vernünftiger? Wieso sind wir als vernünftige Lebewesen so unvernünftig, dass wir nicht nur uns selbst, sondern auch den Menschen um uns herum das Leben schwer machen wollen? Sie womöglich anklagen für Dinge, die überhaupt nicht geschehen sind, sondern die wir uns nur ausgedacht haben?

Wenn wir eine Meinung vertreten, so muss uns doch einmal klar sein, dass das eine einzige Meinung ist auf diesem ganzen Erdball. Kann die wirklich stimmen? Oder ist die abhängig von unserer eigenen Gemütsstimmung? Achtsamkeit auf die eigenen Gemütsstimmungen – dritte Grundlage der Achtsamkeit. Wieso sie nicht mal benutzen, statt mit negativen Gedanken und Worten umzugehen? Sonst wundert man sich am Ende, wieso man überhaupt nicht meditieren kann. Da gibt es nichts zu wundern.

Meditation ist nicht nur ein Läuterungsprozess, sondern auch ein Resultat der Läuterung. Nur derjenige kann meditieren, der sich bereits etwas geläutert hat. Wenn die Gedanken überall in der Gegend herumschwirren, sich nur an das Weltliche wenden und immer wieder mit Negativem belastet sind, dann fehlt einfach die Läuterung. Hat sie innen stattgefunden, dann gibt es keine Anklagen. Man kommt nicht auf die Idee, andere mit irgendetwas zu beschuldigen, was man sich selber ausgedacht hat. Ausgedacht, weil der Läuterungsprozess in einem selber noch nicht so weit fortgeschritten ist, dass man das Reine verspürt.

Und daher sagen wir: Nur ein Buddha erkennt einen Buddha. Wir wüssten ja gar nicht, was so ein Erleuchteter überhaupt bedeutet. Aber jeder erkennt einen Ärgerlichen. Überhaupt kein Kunststück. Aber wie ein Buddha ist? Da muss man selber Buddha sein. Daher Vorsicht mit Urteilen, mit Verurteilen. Je mehr Vorsicht wir walten lassen mit unseren Negativitäten, desto weniger Gefahr laufen wir, in Fallen zu fallen, die unserem Geist überall gestellt sind.

Es ist eine seltsame Wahrheit, dass der menschliche Geist immer bereit ist, etwas Negatives zu sehen, nicht aber, das Positive zu erkennen, dankbar zu sein, Freude und Glück um sich zu verbreiten statt Unheil. Heilig sein bedeutet heil sein. Möchte nicht jeder heil sein? Dann muss man aber das Heil in sich finden und um sich verbreiten.

Wir sind alle beeinflussbar, Meditierende besonders, weil der Geist sich glücklicherweise automatisch verfeinert, wenn man nun wirklich mal meditiert. Vorsicht mit den eigenen Gedanken. Nichts hereinlassen, was in irgendeiner Weise negativ ist. Denn es bleibt nicht drinnen. Es fließt heraus. Das wäre ja noch akzeptabel, wenn einer sich selbst wehtun will. Dann muss man ihn lassen. Nein, wir schaden uns selbst und anderen. Und das ist nicht akzeptabel.

Noch einmal: Jeder Gedanke macht Karma. Karma sind unsere Unterstützungen im Leben. Je schlechter diese Unterstützungen sind, desto schlechter ist unser Leben. Nicht unbedingt materiell schlecht, sondern gefühlsmäßig schlecht.

Und je besser unser Karma ist, umso besser ist unser Leben. Wir machen es ständig. Auch wenn wir nicht sprechen, jeder Gedanke genügt. Und wenn wir die Gedanken auch noch aussprechen, dann wird das Karma verstärkt. Das kann auf beiden Seiten sein, gut und schlecht. Ich warne vor dem schlechten. Es ist eine derartige Belastung für einen selbst, dass man dann gewohnheitsmäßig überhaupt nicht mehr heraus kann.

Vertrauen und Hingabe

Diese Dinge sind im Prinzip selbstverständlich. Daran ist überhaupt nicht zu zweifeln. Zweifelsucht ist auch schlechtes Karma. Eine Sucht wie jede andere, negativ, mit Hass durchtränkt und ohne jede Hingabe und Vertrauen. Vertrauen ist das Gegenteil von Zweifelsucht. Vertrauen basiert auf Liebe und Hingabe. Vertrauen und Hingabe sind unumgänglich nötig, um zu meditieren.

In Wirklichkeit sind wir alle das, was wir so gerne sein möchten: rein, liebevoll, geläutert, frei, unbeschwert. Wieso wissen wir es nicht? Weil wir schlechtes Karma machen mit Gedanken und Reaktionen. Und wenn wir uns einreden, wir sind schon das, was wir gerne sein würden, dann müssen wir untersuchen, ob innerer Frieden und inneres Glück ohne jegliche Schwierigkeit in uns bestehen, ohne von äußeren Dingen beeinflussbar zu sein. Erst dann haben wir einen Teil der Freiheit gefunden.

In diesem Kurs sind wir damit beschäftigt, die verschiedenen Arten und Ebenen des Glücks wie vor allem auch uns selbst kennen zu lernen und zu untersuchen. Das Wichtigste, was wir unternehmen müssen, um meditieren zu können, ist Vertrauen zu fassen in die eigenen Fähigkeiten des spirituellen Wachstums. Vertrauen zu fassen in die Lehre des Buddha, die wir hier hören. Zweifel nutzen nichts. Blinder Glaube nutzt nichts. Vertrauen bedeutet, dass wir uns darauf einlassen, es auszuprobieren. Es bedeutet aber auch, dass wir an unseren eigenen Meinungen und Ansichten rütteln lassen. Dass sich die Selbstbehauptung etwas vermindert.

Ohne Vertrauen gibt es keine Hingabe. Und wenn wir uns nicht hingeben, können wir das, was wir tun, niemals wirklich tun. Der ganze Mensch muss sich in dem Moment, in dem er etwas tut, diesem Tun verschreiben. Man kann nur meditieren, wenn der Geist froh ist, beglückt, dass er diese Gelegenheit und Vertrauen in die eigene Fähigkeit hat. Vertrauen in das spirituelle Ideal der absoluten Wahrheit, die der Buddha aufgezeigt hat, die aber alle Tradition, jeder spirituelle Weg in sich trägt. Wenn man dieses Vertrauen hat, dann kann man sich vollkommen hingeben. Vertrauensvoll und froh, dass man einen Zugang gefunden hat.

Und dann dankbar sein. Wer nicht dankbar sein kann, kann nicht lieben und auch nicht meditieren. Die Vernunft meditiert nicht. Die hat uns hergebracht, weil wir wissen, dass das, was wir normalerweise tun, nicht erfüllend ist. Die Vernunft hat uns bis zu dem Kissen hingebracht. Und dann muss das Gefühl einsetzen.

Freiheit, Unbeschwertheit, Glück – das sind alles Gefühlsebenen. Der Verstand macht es nicht auf dem Kissen. Die Vernunft macht es auch nicht. Die Erwägungen können wir in der Kontemplation gebrauchen, aber nicht in der Meditation.

Mit dem Herzen meditieren

Die Hingabe des Herzens ist der Auftakt zum Meditieren. Und wenn das Herz nicht sprechen kann, dann soll es wenigstens ganz ruhig sein und nichts Negatives von sich geben. Auch da haben wir noch eine Möglichkeit. Aber sobald es anfängt, negativ zu sein im Herzen, in der Gemütsstimmung, haben wir keine Chance mehr.

Daher eine der Anweisungen für die Meditation: Jede Meditation, ob Gehmeditation, ob Kontemplation, ob Atembetrachtung, was immer es sei, mit liebender Güte für sich selbst anzufangen. Alle die, die schon in Kursen waren, kennen die verschiedenen Möglichkeiten der Liebenden-Güte-Meditation. Jede Möglichkeit ist genauso gut wie die andere. Es kommt nur auf das Gefühl an. Wenn man nichts fühlt, wenigstens denken. Dann ist wenigstens der Denkprozess rein. Es kommt auf die Reinheit in einem selbst an.

Das ist eine interessante Kontemplation: Reinheit oder Unreinheit in mir. Was habe ich? Die Formel heißt: Erkennen, nicht tadeln, ändern. Es gibt nichts zu tadeln. Es gibt nur Erkennen. Und das Erkennen ist mühsam genug. Aber dazu sind wir hier. Jede Meditation mit liebender Güte für sich selbst anfangen. Wenn man will und möchte, noch liebende Güte für die Menschen, die einem nahe stehen. Nicht in die Weite schweifen. Doch um der Meditation eine Chance zu geben, muss das Herz so ausgerichtet sein.

Wenn wir uns jetzt bei der Meditation an irgendetwas erinnern, was uns nicht passt, dann können wir *die* Meditationsstunde bereits ad acta legen. Da machen wir besser Kontemplation. Und die Frage ist dann: Wieso passt mir das eigentlich nicht?

Wenn wir damit beginnen, für uns selbst Liebe, Zuneigung, Wärme, in uns selbst Freude und Glück zu erleben, dann haben wir eine sehr gute Chance zu meditieren.

Wenn der Geist schläfrig ist oder döst, Augen aufmachen, ins Licht schauen. Wenn wir vergessen zu etikettieren, versuchen zu erinnern. Nicht in die Welt hinausgehen, sondern in die Innenwelt hinein. Die Welt dort draußen hat alle möglichen Facetten. Die interessieren uns überhaupt nicht.

Und vielleicht wäre es in dem Moment ganz günstig, sich einmal zu fragen: «Wieso bin ich hergekommen? Was will ich hier eigentlich?» Und mal eine ganz ehrliche Antwort darauf geben. Nichts ist besser, als die Wahrheit in sich zu erfahren. «Zu was bin ich hier? Was ist meine Motivation? Und folge ich dem überhaupt? Oder bin ich ganz woanders?» So ein Selbstgespräch kann höchst interessant sein. Was ist meine Absicht?

«Denn Karma, ihr Mönche, sind die Absichten.» So sagte der Buddha. Und ob wir unsere Absichten kennen oder nicht, wir kriegen die Resultate. Wenn wir mit Samen in der Tasche in den Garten gehen und die Tasche hat ein Loch, und die Samen fallen in die Erde, kriegen wir dennoch das, was aus diesen Samen sprießt. Vielleicht wollten wir die Samen gar nicht dorthin tun. Dann hätten wir das Loch in der Tasche zunähen müssen. Genauso ist es mit unserem Karmamachen. Vielleicht wollten wir gar nicht. Aber wenn wir es machen, kriegen wir garantiert die Resultate.

Hier, wo die Unterhaltungen minimal sind, kommt es auf jeden Gedanken an. Also sehr interessantes Ergebnis und Erlebnis, jeder Gedanke. Und da kann man auch mal am Abend, bevor man ins Bett geht, eine Bilanz ziehen. Ein kleines Tagebuch nehmen oder ein Stück Papier und mal versuchen, sich zu erinnern, wie oft am Tage man positiv und wie oft man negativ gedacht hat. Und was diese Negativitäten eigentlich in sich haben. Was wollte man damit bezwecken? Und wie oft war es positiv und hat durch die Positivität das Herz, seine Liebesfähigkeit vergrößert? Wenn das Letztere bejaht wird, haben wir eine gute Chance zu meditieren. Wenn das nicht bejaht wird, müssen wir daran arbeiten. Dazu sind wir hier.

Aber vielleicht erst mal für heute Abend als Hauptaufgabe. Zwischen jetzt und der Zeit, wo wir ins Bett gehen und einschlafen. Achtsam sein. Auf sich selbst aufpassen. Nichts Negatives erlauben. Und die Menschen, die hier sind – sich vielleicht einige mal aussuchen, die ganz liebenswert aussehen –, lieben. Und dann vielleicht morgen die nächste Abteilung lieben. Alle auf einmal ist vielleicht zu viel. Aber nicht irgendeinen etwa auslassen, der einem nicht passt.

Die Welt ist nicht für uns passend gemacht. Sie denkt gar nicht daran. Wir müssen uns passend zur Welt machen. Und wenn wir uns passend machen, dann passt uns auch alles. Dass es nicht so ist, wie es im Paradies sein könnte, liegt daran, dass die Welt «Welt» heißt und das Paradies «Paradies». Ganz einfach. Dass es so ist, wie wir es uns gerne gemalt hätten, das ist doch wirklich nur in den Kinderjahren möglich. Doch die meisten haben diesen Wunschtraum ins Erwachsenenalter mitgenommen. Aber es nützt uns nicht.

Also wir haben zwei sehr interessante Aufgaben: Von jetzt bis zum Insbettgehen total achtsam sein. Und wenn die Gedanken das Stärkste sind, was wir haben, dann müssen wir auf die achtsam sein. Sonst können wir den Körper nehmen. Und mal merken, wenn die Körperachtsamkeit von unseren Gedanken unterbrochen wird. Wirklich mal merken. Und eine Abteilung von den hier Anwesenden effektiv lieben. Nur von jetzt bis wir ins Bett gehen. Morgen früh kann man sich dann selbst eine neue Aufgabe stellen.

Diese Aufgaben bedeuten Selbstüberwindung. Das ist der ganze Weg. Selbstbehauptung ist das Gegenteil. Selbstüberwindung heißt der spirituelle Pfad.

Vergangenheit loslassen

Das andere Thema, das die meisten der gestellten Fragen berühren, ist «Loslassen». Loslassen ist ein Schlüsselwort für das spirituelle Leben. Loslassen von was? Vor allen Dingen erst einmal von Meinungen und Ansichten. Man könnte ja mal versuchen, eine davon loszulassen. Und zwar eine, die einem Schwierigkeiten macht. Und dann mal sehen, wie sich das anfühlt. Das kann sich doch nur angenehm anfühlen. Wieso nicht mal probieren? Wozu das ganze Zeug immer weiter mit sich herumtragen?

Die Vergangenheit ist vorbei und kommt nie wieder. Sie kann nicht wiederkommen. Würden wir sie nicht ständig in der Erinnerung hochbringen, wäre sie wirklich vorbei. Wieso nicht die Vergangenheit dort lassen, wo sie hingehört? In der Vergangenheit. Das ist doch so einfach.

Es gibt keinen Menschen, dem nicht irgendwann einmal Unrecht geschieht oder der selber Unrecht tut. Wieso sich also fixieren in der Erinnerung auf das, was Unrecht war, bei sich selbst oder bei anderen? Mit dieser Fixierung können wir die Gegenwart nicht so erleben, wie sie wirklich ist. Das ist ein großes Hindernis. Und dazu kommt, dass wir uns einmal vor Augen halten sollten – nicht nur als eine theoretische Erklärung, sondern als ein Erleben, ein Erkennen im Sinne des Buddha –, dass derjenige, der sich heute erinnert, unmöglich derjenige sein kann, dem das Unrecht geschehen ist oder der das Unrecht getan hat. Weder der Körper noch der Geist noch die Emotionen können die gleichen sein.

Wir können immer nur Erinnerungen hochbringen, nie die tatsächliche Vergangenheit. Und unser Erinnerungsvermögen ist notorisch schlecht und gefärbt von dem, was wir momentan empfinden und denken. Es ist nicht so, wie es wirklich war. Das ist unmöglich.

Derjenige, der sich heute mit der Vergangenheit abgibt, ist niemals derjenige, der die Vergangenheit erlebt hat.

«Ein Fehlgedanke ist, dass derjenige, der das Karma macht, und derjenige, der die Resultate bekommt, derselbe ist. Ebenso, dass er ein anderer ist. Die Wahrheit liegt in der Mitte.» So die Lehre des Buddha. Selbstverständlich sind karmische Resultate vorhanden. Sind diese karmischen Resultate ungünstig, weil wir selbst entsprechend gehandelt oder reagiert haben, dann muss man eben gutes Karma machen. Jetzt. Heute. Diesen Moment. Die Vergangenheit dafür zu beschuldigen, dass man jetzt nicht lieben oder glücklich sein kann, ist eine fixe Idee, die uns jeden Fortschritt verbaut. Dann würde nie ein Mensch erleuchtet werden. Es gibt keinen Menschen, der nicht auch schlechtes Karma gemacht hat. Wenn wir das erkennen und es endlich einmal als etwas akzeptieren, was geschehen ist, dann können wir dem entgegenarbeiten, indem wir gutes Karma machen. Das schlechte Karma wird nicht total ausgemerzt, aber es braucht gar nicht einmal zur Frucht kommen, weil sich unsere Lebenssituation inzwischen vollkommen geändert hat.

In dem Zusammenhang ist die Geschichte von Angulimala interessant. Der tötete 999 Menschen. Der Buddha hielt ihn davon ab, seine eigene Mutter zu töten. Er wurde Mönch beim Buddha und erleuchtet. Das war alles in einem Leben. Vielleicht hilft das, um zu erkennen, dass die Vergangenheit zwar Resultate bringt, aber nicht unwiderrufliches Schicksal bedeutet. Wenn das so wäre, dann würden wir umsonst üben.

Jeder hat in seiner Vergangenheit Dinge, die er lieber nicht da hätte – selbst gebastelte oder von anderen gebastelte. Na, und nu? Was macht man damit? Weiter diesen Rucksack voller Steine mit sich herumtragen? Und sich ewig davon bedrückt fühlen? Die Schwere spüren? Und daher das Glück nur durch die Sinneskontakte suchen? Das kann doch nicht vernünftig sein!

Was andere an Unrecht getan haben, ist nur darum in unserem Bewusstsein vorhanden, weil wir heute noch darauf reagieren. Und das Unrecht, was geschehen ist, sozusagen als Entschuldigung benutzen dafür, dass wir heute nicht so sein können, wie wir gerne möchten. Wozu sich entschuldigen? Vor sich selber? Kein anderer will die Entschuldigung hören. Das kann doch nur bedeuten, dass man nicht die Kraft und den Willen hat, sich selbst zu ändern.

Wenn wir uns nicht ändern könnten oder das glauben, bräuchten wir hier nicht zu sitzen. Und das ist die Lehre des Buddha: Erkennen, nicht tadeln, ändern. Die Welt besteht, wenn man Glück hat, zu fünfzig Prozent aus Recht und zu fünfzig Prozent aus Unrecht. Aber wenn uns das den spirituellen Pfad, die Liebesfähigkeit verbaut, dann liegt das nur an unserer Reaktion und an dem Immer-wieder-Hochbringen der Vergangenheit.

Im Moment sein

Der Buddha hat die Vergangenheit «das, was nicht mehr wiederkommt» genannt und die Zukunft «das, was noch nicht da ist». Wenn wir meditieren und den Atem betrachten wollen, dann gibt es nur einen einzigen Atemzug, den wir betrachten können. Und das ist der, der jetzt ist – und schon wieder vorbei ist. Der vorhergehende ist nicht mehr zu betrachten. Der ist verschwunden. Und der nächste ist noch nicht gekommen. Und so geht es mit allem in unserem Leben. Wenn wir nicht loslassen können, können wir nicht erleben und daher auch nicht leben. Denn Leben ist Erleben. Jetzt, und nur jetzt.

Viele Menschen warten auf Spitzenerlebnisse. Das ist ja

schön, wenn man sie hat. Doch wie oft im Leben hat man sie schon? Sollte man wirklich ein ganzes Leben auf Spitzenerlebnisse reduzieren? Oder könnte man jeden Moment erleben? Aber das können wir nur, wenn wir die Vergangenheit loslassen und die Zukunft nicht an uns heranziehen, sondern jetzt sind.

Mit der Vergangenheit ist noch etwas: Wenn derjenige, der sich mit ihr herumplagt, demjenigen verzeihen würde, der das Unrechte getan hat, dann wäre alles erledigt. Oder, wenn er es selber war, sich selber verzeihen. Verzeihen ist eine Handlung des liebenden Herzens. Das muss man mehr als einmal tun. Am Anfang ist es nur ein Gedanke. Aber wenn man den Gedanken oft genug hat, kommt es zu einem Gefühl.

Bei der Liebenden-Güte-Meditation ist es das Gleiche: Wenn man nichts fühlt, denken! Immer wieder. Wenn man sich bemüht, so kommt man durch das Denken, was auch ein Sinneskontakt ist, zu dem Gefühl. Denn jeder Sinneskontakt ist unweigerlich von einem Gefühl gefolgt. Das heißt also nichts anderes als üben. Immer wieder üben.

Erwartungen

Loslassen bezieht sich nicht nur auf das, was wir in der Vergangenheit erlebt haben. Das ist zwar unumgänglich nötig, denn wir können niemals jetzt leben, wenn wir die Vergangenheit immer wieder mitspielen lassen. Doch Loslassen bedeutet auch, Erwartungshaltungen aufzugeben, etwa was die Meditation betrifft. «Da muss sich doch endlich mal die Glückseligkeit einstellen!» Sie denkt gar nicht daran. Na, und nun ist man ganz enttäuscht. Der Kurs ist nichts wert. Man ist umsonst gekommen und hat ein negatives Gefühl.

Erwartungen sind immer mit Enttäuschungen gepaart.

Erwartungen an andere Menschen, an eigene Fähigkeiten, an die Möglichkeiten, die wir im Leben sehen und gerne haben möchten. Überall Erwartungen. Sie sind nicht nur Zukunftsmusik. Sie können sich auf den nächsten Moment beziehen. Resultatdenken. Und Resultatdenken verhindert es, im Hier und Jetzt zu sein, verhindert, dass wir tun, was wir tun wollen.

Zum Beispiel: Wir wollen uns konzentrieren, denken aber dabei immer wieder an das Resultat, das wir gerne hätten. Na, wie können wir uns dann konzentrieren? Wir können nur das eine oder das andere. Entweder wir denken an das Resultat, oder wir konzentrieren uns. Da müssen wir eine Wahl treffen.

Wir müssen überhaupt einmal eine Wahl treffen. Wollen wir glücklich oder unglücklich sein? Nein, natürlich glücklich. Aber nur, wenn alles so läuft, wie es mir passt. Geht das? Funktioniert das? Oder kann ich auch eine Wahl treffen, glücklich zu sein, wenn die Welt nicht so ist, wie es mir passt? Wenn sie nicht so gewesen ist in der Vergangenheit, wie es mir gepasst hätte, und wenn die Zukunft nicht so sein wird, wie es mir passen würde? Sondern wenn ich darauf aufpasse, wie ich reagiere?

Diese Wahl muss getroffen werden. Und Geschehnissen oder anderen Menschen oder sich selber irgendwelche Schuld zuzuschieben, das ist «Doppeldukkha». Dann haben wir nicht nur das Dukkha des Unrechts, sondern dass wir uns obendrein entweder schuldig fühlen oder jemand anderem die Schuld zuschieben. Ganz unnötig. Loslassen von Erwartungen. Die sind sowieso häufig zu hoch gegriffen, manchmal viel zu niedrig. Erwartungen sind überhaupt ein Fehlgedanke, weil sie es uns unmöglich machen, unser Bestes zu geben, uns hinzugeben. Die Beschäftigung mit Erwartungen ist unnötig. Sie wird uns von Kindheit an eingeprägt mit den Zeugnissen, die in der Schule gegeben werden. Man soll Erster oder Zweiter sein, aber höchstens noch Dritter. Und wenn das nicht funktioniert, dann ist man nicht ganz so wertvoll wie die anderen. Dasselbe kann hier im Meditationskurs passieren. Entweder wir wollen unbedingt die Vertiefungen haben, oder aber wir wollen nichts davon hören, damit wir auf keinen Fall ein Gefühl der Unzulänglichkeit bekommen.

Das nutzt alles nicht. Hinsetzen, lieben und machen. Nichts anderes funktioniert. Nicht nur bei der Meditation, in jeder Lebenslage. Hinsetzen, hinstellen, lieben und machen. Die wenigsten Menschen auf der Welt tun das. Die, die es tun, sind immer in der Lage, etwas Außergewöhnliches zu schaffen. Die anderen bleiben mittelmäßig oder weniger. Weil sie sich einfach nicht dem Moment hingeben und loslassen.

Das «Netz der Ansichten»

Natürlich gibt es nach der Lehre des Buddha noch mehr, was wir loslassen können. Und da haben wir die Meinungen, unsere eigenen Meinungen und Ansichten, die nicht auf Realität gebaut sind, sondern auf das, was uns gerade in dem Moment, wo wir diese Meinung haben, in unseren Kram passt. Wenn das dann eine Resonanz findet, positiv oder negativ, dann behalten wir diese Meinung auch noch.

Die erste Lehrrede in der Langen Sammlung, die Brahmajala-Sutta, übersetzt als «das Netz der Ansichten», enthält 62 Ansichten, die der Buddha Rubriken genannt hat. Sie sind sozusagen Überschriften für alle Ansichten, die ein Mensch haben kann über jedes Thema. Und alle sind falsch. Und wieso sind sie falsch? Weil sie alle vom Standpunkt der Ich-Illusion aus gefasst worden sind. Wenn wir diese Meinungen vom Standpunkt der absoluten Wahrheit fassen würden, sind sie keine Meinungen mehr, sondern

Erkenntnisse. Und das ist ein Riesenunterschied. Weisheit ist erkanntes Erleben.

Wir erleben alle tagtäglich, Minute für Minute, die absolute Wahrheit, aber wir erkennen sie nicht. Wir sind ständig dabei, sie zu erleben. Wir brauchen nur einmal auf unseren Atem aufzupassen. Nur eine Minute. Dann erleben wir die Vergänglichkeit der Luftzufuhr, ohne die wir nicht leben können. Wie viel vergänglicher ist das, was in der Vergangenheit war? Wie viel vergänglicher sind die Meinungen, die wir fassen? Und wie viel vergänglicher die Erwartungen? Sie ändern sich andauernd.

Freiheit bedeutet, dass wir uns soweit wir können freimachen und loslassen. Nicht-Loslassen ist eine Fessel. Wir sind gefesselt in diesem Netz der Meinungen, der Ansichten, der Erinnerungen, der Hoffnungen, der Fähigkeiten und Unfähigkeiten. Und da hocken wir drin und wissen nicht, wie herauskommen.

Man sollte dieses Netz durchschneiden. Das können die wenigsten. Man könnte jedoch langsam aber sicher das Netz auseinander nehmen, Stück für Stück. Und jedes Mal, wenn wir merken, dass wir mit diesem Anhaften, diesen Fesseln uns selber unglücklich machen, dann wäre das wohl schon genug Grund, um loszulassen.

Aber wir wissen vielleicht auch schon, dass wir nicht nur uns selber unglücklich machen, sondern dieses Unglück, Unheil um uns verbreiten. Wir müssen Verantwortung übernehmen. Ein Mensch, der meditieren will, muss Verantwortung übernehmen für seine Gedanken und Emotionen. Nicht nur zu seinem eigenen Heil, sondern zum Heil aller. Wir sind, wenn wir meditieren, und vor allen Dingen, wenn wir meditieren können, eine sehr einflussreiche geistige Formation.

Es gibt verschiedene Fragen, die der Buddha nicht beantwortet hat. Darunter die eine: Wie weit reicht der Einfluss von jemandem, der die meditativen Vertiefungen übt? Der Einfluss eines Meditierenden reicht weiter als der eines nicht Meditierenden, weil der Geist selbst kurzfristig einspitzig wird. Wenn etwas einspitzig ist, hat es mehr Kraft, kann es weiter gehen.

Der Weg in die Freiheit

Um uns selbst bei der Meditation zu helfen, brauchen wir das Vertrauen in unsere eigene Fähigkeit. Das ist keine Selbstsucht, sondern einfach eine Festigkeit in uns, dass wir es genauso können wie jeder andere, der es üben würde. Wir brauchen das Vertrauen, dass die Vergangenheit vorbei ist, dass die Zukunft ganz anders ist, als wir sie uns vorstellen, aber dass die Gegenwart uns offen steht. Wenn wir in der Gegenwart nichts unternehmen, verlieren wir sie. Jede Sekunde geht ganz schnell vorbei. Sie geht so schnell vorbei, dass wir sie gar nicht merken.

Ich empfehle, sich eine Digitaluhr anzuschauen. Da sieht man mal optisch, wie schnell eine Sekunde vorbeigeht. Natürlich, im Allgemeinen schaut man hin und sagt: «Ach, noch fünf Minuten Zeit» oder «Jetzt ist es doch schon so spät». Eine Sekunde meines Lebens ist vorbei. Wie viele sind übrig? Wir haben ganz begrenzte Zeit. Heute ist der erste Tag vom Rest meines Lebens. Was haben wir vor damit? Etwa uns unglücklich zu machen? Andere unglücklich zu machen? Uns zu ärgern? Andere zu ärgern? Zu reagieren? Die Vergangenheit nicht loszulassen? Neue Erwartungen aufzubauen?

Oder haben wir ganz etwas anderes vor? Haben wir vor, glücklich zu sein? Glück um uns zu verbreiten? Die Liebesfähigkeit zu entwickeln? Liebe um uns herum zu verbreiten? Was haben wir vor? Es ist unsere eigene Wahl. Natürlich, unsere Hindernisse, die wir alle haben, halten uns zurück: Die Begierde nach Sinnesbefriedigung, der

Ärger, die Faulheit, die geistige Faulheit, Unruhe und Rastlosigkeit und Zweifelsucht. Das sind die fünf Hindernisse. Aber auch da gibt es ein Überwinden.

Wenn wir die Wahl getroffen haben, was wir wirklich mit unserem Leben anfangen wollen, na, dann müssen wir uns auch bemühen, diese Wahl zu verwirklichen. Was immer wir nicht können, heute, bedeutet nicht, dass wir es morgen auch nicht können. Was immer wir heute als ein Problem ansehen, bedeutet nicht, dass es auch morgen ein Problem ist.

Alles, was wir nicht können, lernen wir durch die Meditationspraxis. Das bedeutet nicht nur, dass wir meditieren lernen. Wir lernen, den Geist so zu trainieren, dass er seine Fähigkeiten einmal zur vollen Blüte bringen kann. Und die Probleme, die wir wälzen, fallen von uns ab, wenn der Geist erst einmal trainiert ist.

Auf Pali heißt Meditation bhavana, Geistestraining. Es sieht ganz anders aus, wenn wir es trainiert haben. Man kann das mit einem Athleten vergleichen, der sehr hoch oder weit springen oder sehr schnell laufen kann. Das kommt uns wie ein Wunder vor. Wieso kann er das? Weil er seinen Körper trainiert hat. Dasselbe machen wir mit dem Geist.

Aber da müssen wir uns erst einmal einig darüber werden, dass all das, was uns davon abhält, mit unserem Geist das zu tun, was wir gerne möchten, loszulassen ist. Weg damit. Fallen lassen. Jedes Mal wenn es wiederkommt, loslassen. Genau anschauen, sehen, dass es nutzlos ist und fallen lassen.

Im Prinzip sind alte und zukünftige Dinge, Erwartungen und Meinungen Ich-Unterstützung. «Ich habe erlebt. Ich habe getan. Ich erwarte. Ich kann nicht.» Das sind alles Egobezeichnungen. Loslassen. Ganz egal, was ich heute nicht kann. Morgen kann ich was anderes. Es ändert sich von Moment zu Moment.

Und dieses aufsteigende Potential, was wir in uns spüren, ist für einen Meditierenden eine Selbstverständlichkeit. Der Geist wird geschmeidiger. Der Geist kann sich erweitern. Er sieht neue Horizonte und tiefere Perspektiven. Er erlebt andere Weltsichten, andere Ich-Sichten. Und dann ist das, was uns heute fesselt, überhaupt nicht mehr von Wichtigkeit. Dann spüren wir eine Idee der Freiheit. Loslassen ist das Schlüsselwort. Loslassen von all dem, was wir in unserem Geist mit herumtragen.

Haben wir beobachtet – auch außerhalb der Meditation –, was der Geist da für Ideen hat? Es müsste so sein. Es ist aber anders. Es gefällt mir nicht. Warum macht man es auf diese Weise? Warum könnte man es nicht auf eine andere Weise machen? Wozu das alles? So, wie es ist, lieben. Ganz einfach. Und dann sich hinsetzen. Und das lieben. Und das tun. Es ist ganz einfach. Wozu den Geist immerzu belasten? Hier in so einem Kurs braucht er keine Belastung.

Je weniger wir uns beschwert fühlen, desto leichter können der Geist und das Herz in die Höhe fliegen – Höhe symbolisch gemeint – und dort die Vollkommenheit berühren. Die Vollkommenheit ist total ohne jegliches Anhaften, jegliche Erwartung, jegliche Erinnerung. Die ist nur jetzt, in diesem Moment.

Diese Erklärung des Loslassens passt auf alle Fragen, die gestellt worden sind. Aber jeder kann das nur selber tun. Keiner kann für einen anderen etwas loslassen. Denn keiner hält für einen anderen etwas fest. Wir halten alle unser eigenes Zeug fest.

Am schlimmsten sind die fest gefassten Meinungen, wie man selbst und andere sein sollten. Woher wissen wir das eigentlich? Können wir das mal untersuchen? Das ist ein großes Hindernis. Jedes Mal, wenn der Geist sich mit Dingen beschäftigt, die dem widersprechen, was wir hier tun, und die nicht glückbringend sind, das Wort «Loslassen» vor sich hinsprechen. Immer wieder. Bis man es endlich auch mal tut. Es ist so eine Erleichterung!

Das Leben ist dann schon beinahe so, wie es sein sollte: eine Passage. Das heißt: Wir gehen von Geburt zu Tod, unbeschwert, versuchen das Beste zu tun, Liebe zu empfinden und zu verschenken. Es ist ein Lebenssinn und ein wertvolles Ziel, diese Welt um etwas, um eine Kleinigkeit besser zu verlassen, als wir sie vorgefunden haben. In irgendeiner Weise. Dann haben wir wenigstens eine Richtlinie. Und dann können wir das, was wir da in unserem Geist wälzen und auf unseren Schultern tragen, nach dieser Richtlinie einmal einschätzen. Und fast alles können wir loslassen, weil es nicht in diese Richtlinie hineinpasst.

KONTEMPLATION III:

«Die fünf täglichen Betrachtungen»

Die folgende Kontemplation wird «Die fünf täglichen Betrachtungen» genannt. Der Buddha empfahl, dass man sie jeden Tag macht. Sie sind dazu gedacht, dass man der Wahrheit ins Auge schaut und sie dann eines Tages so akzeptiert, dass man sich danach richten kann. Die ersten vier täglichen Betrachtungen handeln von der Vergänglichkeit, die fünfte Betrachtung befasst sich mit Karma.

Es geht um universelle Wahrheiten, die wir individuell für uns selbst verstehen, akzeptieren und verarbeiten müssen, so dass sie ein Teil unseres Gedankenguts werden und sich alles andere, was wir denken, tun und sprechen, auch damit verbinden kann. Wir werden diesen Sätzen sicher zustimmen. Aber leben wir auch danach? Das ist die eigentliche Frage, die wir jetzt auch in der Kontemplation für uns selbst beantworten können.

Je mehr wir uns diese universellen Wahrheiten als Eigengut aneignen und mit ihnen leben, desto einfacher wird unser Leben, weil wir es in dem Kontext, in dem Rahmen der ganzen Schöpfung erkennen und nicht nur als ein abgegrenztes, persönliches, ganz kleines Etwas, was sich in diesem Universum bemüht weiterzuexistieren. Es ist viel einfacher, sich einzubetten in das Ganze.

Zu Beginn lenken wir die Achtsamkeit für ein paar Momente auf den Atem.

Und jetzt bitte mir nachsprechen:

Ich bin dem Verfall unterworfen. Ich kann dem Verfall nicht entgehen.

Wir wollen dabei zunächst untersuchen, ob das eine wahre Tatsache ist. Ob der körperliche Verfall ein Naturgesetz ist, dem wir unterworfen sind. Und das Zweite, was wir anschauen können, wäre, ob wir uns daran erinnern. Und das Dritte, ob wir etwas dagegen haben. Wenn wir den Verfall nicht gerne sehen, ihn ablehnen, müsste uns klar werden, dass wir dem Naturgesetz, dem alles untertan ist, entgegenarbeiten wollen, natürlich hoffnungslos. Können wir mitfließen und daraus auch etwaige Schlussfolgerungen ziehen, dass es in diesem Verfall, in diesem Fluss ja nur Momente gibt und nichts, was wir festhalten können? Können wir das anschauen? Können wir uns da hineinfinden?

Ich bin der Krankheit unterworfen. Ich kann der Krankheit nicht entgehen.

Hier wird oft geglaubt, dass man, wenn man nur das Richtige denkt, auch der Krankheit entgehen kann. Doch auch die Erleuchteten und Heiligen werden krank und sterben. Es geht also darum zu erkennen, dass Geist und Körper zwei sind, aufeinander angewiesen, abhängig, aber dennoch zwei. Haben wir selbst Krankheit erlebt? Es muss nicht gleich schwere Krankheit sein. Schnupfen, Husten, Kopf-, Zahn-, Rücken- oder Bauchschmerzen? Kommen sie immer wieder? Was bedeutet das für das Eigentumsrecht, das wir glauben über diesen Körper zu haben? Würde ein Eigentümer es zulassen, dass da so viele Schwierigkeiten entstehen? Oder hat der Körper auch ein eigenständiges Leben und eigenständige Eigenschaften? Können wir das Naturgesetz erkennen, das sich dort abspielt? Dass in allem, was sich manifestiert, der Verfall, daher auch die Krankheit enthalten ist? Können wir unseren Körper objektiv betrachten und uns momentan einmal nicht damit identifizieren?

Ich bin dem Tod unterworfen. Ich kann dem Tod nicht entgehen.

Dass dies stimmt, ist offensichtlich. Zu untersuchen ist, ob man selbst mit dieser Wahrheit auch lebt. Oder ob man versucht, es so weit wegzuschieben wie möglich und zu glauben, dass es nur andere betrifft. Fühlt man sich in dieser Wahrheit zu Hause und richtet daher auch sein Leben danach aus, dass es sehr bald zu Ende sein kann? Wenn man mit dem eigenen Tod noch Schwierigkeiten hat, sollte man sich überlegen, ob man bereit ist, heute zu sterben. Und wenn nicht, warum nicht? Was ist noch zu erledigen? Wo gibt es eine Garantie, dass man es noch erledigen kann?

Wenn man glaubt, dass man den eigenen Tod schon akzeptiert hat, nur nicht den Tod seiner Lieben, sollte man das noch einmal anschauen. Beides liegt auf der gleichen Ebene. Es ist das Behaltenwollen, was mein ist und mir gehört. Glaube ich, dass Körper und Geist mir gehören? Will ich sie daher behalten? Ist der Tod bedrohlich? Ist er selbstverständlich? Ist er nichts anderes als ein Übergang zu etwas Neuem? Habe ich mich überhaupt schon mit dem Tod auseinander gesetzt? Wenn nicht, warum nicht? Gehört er nicht zu meinem Leben? Alles, was geboren ist, muss sterben.

Alles, was mein und mir lieb ist, muss sich ändern und entschwinden.

Da ist es nötig zu untersuchen, ob das aus der eigenen Erfahrung bestätigt werden kann. Was nenne ich mein? Und was ist mir lieb? Und hat es sich geändert? Oder ist es entschwunden? Mein sind Körper und Geist. Haben sie sich geändert? Mir lieb sind andere Menschen, Situationen, Erlebnisse, Sinneskontakte, Besitztümer. Haben sie sich geändert? Sind sie entschwunden? Und ganz wichtig: Was ist mir jetzt lieb? Und was nenne ich jetzt mein? Und wie sehr will ich es festhalten? Und was würde ich empfinden bei Änderung und Verlust? Wie sehr hafte ich an? Wie sehr bereite ich mir eine Möglichkeit des Unglücklichseins durch das Anhaften? Und wie wenig sehe ich von der Wahrheit des ständigen Fließens und Sich-Änderns? Oder wie viel sehe ich davon?

Ich bin der Eigentümer meines Karmas.

Das bedeutet, wenn wir das wirklich verinnerlichen, dass wir totale Selbstverantwortung übernehmen für alles, was uns geschieht, und niemals mehr glauben, dass die Dinge von außen gesteuert sind, mögen sie noch so unangenehm sein. Selbst wenn wir die Ursachen für die Wirkungen in diesem unserem Leben nicht erkennen können, so sind sie dennoch vorhanden: die Ursachen, die wir selbst schaffen, und deren Wirkungen wir ausgesetzt sind. Auf allen Ebenen. Das macht Selbstmitleid, die Opfermentalität, unmöglich.

Ich bin der Erbe meines Karmas.

Das sagt im Prinzip das Gleiche aus. Allerdings können wir dabei noch in Betracht ziehen, dass, wenn wir ein wertvolles Erbe antreten wollen, wir es selber herstellen müssen. Und dass uns das vielleicht dazu anspornt, unsere Gedanken, Worte und Taten gut zu untersuchen und immer wieder zum Heilsamen zu wenden.

Ich bin mit meinem Karma eng verknüpft.

Wir erkennen, dass unser eigenes Karma uns so nahe liegt wie unsere eigene Haut. Wir können sogar sagen: Ich bin mein Karma. Ich bin die Wirkung aller Ursachen, die ich selbst in die Wege geleitet habe. Je mehr wir uns das zu Herzen nehmen, desto einfacher wird es sein, gutes Karma zu machen.

Ob ich gutes oder schlechtes Karma mache, dessen Erbe werde ich sein.

Das bringt uns zu diesem Moment, in dem wir wieder Ursachen hervorrufen, die Wirkungen haben, die wir erben werden. Was uns daran erinnern soll, dass wir mit jedem Gedanken Karma machen.

MEDITATION:

Den Körper von innen spüren

Die «Im Ganzen»-Methode

Bevor wir nun die geleitete Meditation zusammen machen, möchte ich kurz über zwei Stellen am Körper sprechen, die dabei vorkommen. Die erste ist die «Kopfspitze». Das ist beim Baby die Fontanelle. Beim Erwachsenen ist es im Allgemeinen eine kleine Delle auf der Schädeldecke, ungefähr drei bis vier Finger vom Haaransatz entfernt. Es ist ein besonders sensibler Punkt am Körper. Der zweite Punkt ist der Haarwirbel. Manche haben ihn rechts, manche links, manche in der Mitte. Und manche haben sogar zwei. Es ist eine Stelle, die nur erwähnt wird, um die Richtung zu kennen. Diese beiden Punkte sind vielleicht nicht sofort verständlich. Alles andere, was ich sagen werde, wird sofort verständlich sein.

Die folgende Meditation muss in einem Rahmen geübt werden, wo äußerste Ruhe herrscht. Wir konzentrieren uns hier auf Gefühle und Empfindungen – die zweite Grundlage der Achtsamkeit.

Zu Beginn richten wir die Achtsamkeit auf die Empfindung, die der Wind des Atems an der Nasenspitze hervorruft.

Und jetzt wollen wir die Achtsamkeit auf die Kopfspitze transferieren. Eine Stelle so groß wie eine größere Münze. Und dort die Empfindungen feststellen. Sie können stark oder leicht sein. Auf der Haut oder unter der Haut. Pochen. Bewegung. Stille. Druck. Erweiterung. Zusammenziehen. Diese oder jede andere Empfindung. Es kommt nicht auf die Art der Empfindung an. Es kommt nur auf die Wahrnehmung an. Die ganze Achtsamkeit auf die Kopfspitze lenken.

Und jetzt die Achtsamkeit wie einen sich öffnenden Fächer über die Schädeldecke verbreiten. Stelle nach Stelle mit der Achtsamkeit berühren. Und Empfindung um Empfindung feststellen. Und dann, wenn sich die Achtsamkeit über die ganze Schädeldecke verbreitet hat, die Empfindung der ganzen Schädeldecke beibehalten.

Und jetzt die Achtsamkeit auf den Haarwirbel lenken. Dort feststellen, wie es sich anfühlt. Nicht von außen draufschauen, sondern von innen spüren. In dieser Stelle mit dem Geist sein. Und dann dort ansetzen. Die Achtsamkeit wie einen sich langsam öffnenden Fächer über den Hinterkopf verbreiten bis dort, wo der Nacken ansetzt. Stelle nach Stelle wahrnehmen. Und dann die Wahrnehmung des ganzen Hinterkopfes beibehalten. Wie fühlt es sich an? Warm? Kühl? Bewegung? Kribblig? Druck? Angenehm? Unangenehm? Neutral?

Und jetzt die Achtsamkeit auf die linke Seite des Kopfes lenken. An der Schädeldecke ansetzen. Langsam die Achtsamkeit wie einen sich öffnenden Fächer die linke Kopfseite herunter. Stelle nach Stelle kennen lernen. Dann die Wahrnehmung der ganzen linken Kopfseite beibehalten. Wie fühlt es sich an? Was empfinde ich? Wärme? Berührung? Jucken? Prickeln? Vibration? Druck? Innen? Außen? Diese oder jede andere Empfindung. Es kommt nur auf die Wahrnehmung an.

Und jetzt die Achtsamkeit auf die rechte Kopfseite lenken. An der Schädeldecke ansetzen. Stelle nach Stelle mit der Achtsamkeit berühren. Wie einen langsam sich öffnenden Fächer über die rechte Kopfseite hinunter bis zum Kiefer. Vom Haaransatz vorne bis über das rechte Ohr. Spüren, wie es sich anfühlt.

Und jetzt die Achtsamkeit auf die rechte und linke

Kopfseite, die Schädeldecke und den Hinterkopf gleichzeitig lenken und so viel davon gleichzeitig wahrnehmen, wie es einem möglich ist. Schädeldecke, rechte und linke Kopfseite, Hinterkopf. So viel, wie es einem möglich ist, die Empfindung wahrnehmen. Wie fühlt es sich an? Ist da Bewegung oder Stille? Angenehm? Unangenehm? Neutral? Warm? Kühl? Berührung? Prickeln? Kribbeln? Druck? Erweiterung? Zusammenziehen? Diese oder jede andere Empfindung.

Die Achtsamkeit am Haaransatz über der Stirn ansetzen. Und langsam die Achtsamkeit wie einen sich öffnenden Fächer über das Gesicht herunter zum Kiefer. Stelle nach Stelle wahrnehmen. Und dann die Wahrnehmung des ganzen Gesichts beibehalten.

Und jetzt noch einmal die Achtsamkeit auf Schädeldecke, rechte und linke Kopfseite, Hinterkopf und Gesicht gleichzeitig lenken. Und so viel davon wie möglich gleichzeitig wahrnehmen. Den ganzen Kopf. Was verspüre ich? Was empfinde ich? Je deutlicher das hervortritt, desto klarer ist die Wahrnehmung.

Die Achtsamkeit auf den Hals lenken. Am Kiefer ansetzen. Langsam wie einen sich öffnenden Fächer den Hals herunter, wo er am Oberkörper ansetzt. Spüren, wie es sich anfühlt.

Und die Achtsamkeit auf den Nacken lenken. Am untersten Ende des Hinterkopfes ansetzen. Langsam die Achtsamkeit herunter, bis dort, wo er am Rücken ansetzt. Jede Stelle kennen lernen. Und dann die Wahrnehmung des ganzen Nackens beibehalten.

Und jetzt Hals und Nacken gleichzeitig wahrnehmen oder so viel davon wie möglich. Wie fühlt es sich an? Was für Empfindungen kann ich feststellen?

Und wir können noch einmal den ganzen Kopf und Hals und Nacken gleichzeitig wahrnehmen. Oder so viel davon wie möglich. Was verspüre ich?

Und die Achtsamkeit auf die linke Schulter lenken. Vom Hals langsam die Achtsamkeit wie einen sich öffnenden Fächer über die linke Schulter, bis wo der Oberarm ansetzt. Stelle nach Stelle kennen lernen. Die Wahrnehmung des Ganzen beibehalten. Was für Empfindungen? Was für Gefühle? Und wenn Emotionen hochkommen, anschauen, fallen lassen, weitergehen.

Und die Achtsamkeit am oberen Ende des linken Oberarms ansetzen. Wie einen langsam sich öffnenden Fächer den linken Oberarm herunter bis zum Ellbogen, rundherum. Stelle nach Stelle. Wahrnehmen, Erkennen der Empfindungen und Gefühle. Dann die Wahrnehmung des linken Oberarms beibehalten, im Ganzen. Nicht von außen draufschauen, von innen verspüren.

Und die Achtsamkeit am linken Ellbogen ansetzen. Langsam den linken Unterarm herunter bis zum Handgelenk. Erst Stelle nach Stelle kennen lernen. Langsam die Achtsamkeit öffnen wie einen sich öffnenden Fächer, so dass der ganze Unterarm mit Achtsamkeit bedeckt ist.

Und jetzt die linke Schulter und den ganzen linken Arm gleichzeitig zur Wahrnehmung bringen. Vom Hals bis zum linken Handgelenk. So viel davon wie möglich wahrnehmen. Wie fühlt es sich an?

Und die Achtsamkeit auf den linken Handrücken lenken. Vom Handgelenk langsam bis dort, wo die Finger ansetzen. Empfindungen wahrnehmen. Kribbeln. Pulsieren. Druck. Was immer es sein mag. Es kommt nur auf die Wahrnehmung an.

Und die Achtsamkeit auf die linke Handfläche lenken. Vom Handgelenk bis dort, wo die Finger ansetzen. Empfindungen feststellen. Wahrnehmen. Hineinspüren.

Und jetzt den Handrücken und die Handfläche der linken Hand gleichzeitig wahrnehmen. Und die Achtsamkeit an das untere Ende der fünf Finger der linken Hand lenken. Langsam die Finger entlang zu deren Spitzen. Die Achtsamkeit auf die fünf Fingerspitzen der linken Hand lenken. Und eine Geistesbewegung heraus, von den fünf Fingerspitzen heraus in den Raum.

Und die Achtsamkeit auf die rechte Schulter lenken. Am Hals ansetzen. Langsam wie einen sich öffnenden Fächer über die Schulter bis dort, wo der rechte Oberarm ansetzt. Stelle nach Stelle. Dann die Wahrnehmung der ganzen Schulter beibehalten. Angenehm. Unangenehm. Neutral. Druck. Verspannt. Entspannt. Was immer es sein mag. Emotion oder Empfindung. Die Wahrnehmung der rechten Schulter beibehalten.

Die Achtsamkeit am oberen Ende des rechten Oberarms ansetzen. Langsam wie einen sich öffnenden Fächer den rechten Oberarm herunter, rundherum, bis zum rechten Ellbogen. Stelle nach Stelle. Wissen, wie es sich anfühlt. Die Wahrnehmung des ganzen rechten Oberarms beibehalten.

Und die Achtsamkeit am rechten Ellbogen ansetzen. Langsam den rechten Unterarm herunter. Stelle nach Stelle kennen lernen. Bis zum Handgelenk. Dann die Wahrnehmung des ganzen rechten Unterarms beibehalten.

Und jetzt die Achtsamkeit auf die rechte Schulter und den ganzen rechten Arm lenken. Vom Hals bis zum Handgelenk. Und so viel davon wie möglich gleichzeitig wahrnehmen. Rechte Schulter und den ganzen rechten Arm. Wahrnehmung der Empfindung. Wie fühlt es sich an? Berührung. Warm. Kühl. Kribbeln. Pieken. Druck. Unangenehm. Angenehm. Neutral. Rieseln. Vibrieren. Was immer es sei. Es kommt nur auf die Wahrnehmung an.

Und jetzt rechte und linke Schulter und rechten und linken Arm von Hals bis Handgelenk, beide gleichzeitig wahrnehmen. Oder so viel davon wie möglich.

Und jetzt die Achtsamkeit auf den rechten Handrücken lenken. Vom Handrücken langsam die Achtsamkeit öffnen, bis wo die Finger ansetzen. Von innen heraus verspüren.

Und die Achtsamkeit auf die rechte Handfläche lenken. Vom Handgelenk bis wo die Finger ansetzen.

Und jetzt den rechten Handrücken und die rechte Handfläche gleichzeitig wahrnehmen. Was empfinde ich? Was spüre ich? Die Achtsamkeit auf das untere Ende der fünf Finger der rechten Hand lenken. Langsam die Finger entlang zu deren Spitzen. Die Achtsamkeit auf die fünf Fingerspitzen der rechten Hand lenken. Und eine Geistesbewegung heraus, von den Fingerspitzen heraus in den Raum.

Jetzt rechte und linke Hand gleichzeitig wahrnehmen. Handrücken und Handfläche, rechts und links, oder so viel davon wie möglich. Hineinspüren.

Und jetzt die Achtsamkeit an das untere Ende aller zehn Finger lenken. Langsam die zehn Finger entlang zu deren Spitzen. Die Achtsamkeit auf die zehn Fingerspitzen lenken.

Und eine Geistesbewegung heraus, von den zehn Fingerspitzen heraus in den Raum.

Die Achtsamkeit auf den Oberkörper vorne lenken. An den Schultern ansetzen. Die Achtsamkeit wie einen sich langsam öffnenden Fächer den Oberkörper herunter, über die Brust bis zur Taille. Stelle nach Stelle wahrnehmen. Und dann am Ende die Wahrnehmung des Ganzen beibehalten. Was spüre ich? Empfindungen oder Emotionen? Angenehm oder unangenehm? Oder neutral? Berührung? Wärme? Kühl? Offen? Verschlossen? Vermauert? Schwere? Leichtigkeit? Glück? Freude? Trauer? Bürde? Ablehnung? Hingabe? Was immer es sei. Es kommt auf die Wahrnehmung an. Stelle nach Stelle kennen lernen. Die Wahrnehmung des Ganzen, von der Schulter bis zur Taille, beibehalten.

Und die Achtsamkeit an der Taille vorne ansetzen. Langsam wie einen sich öffnenden Fächer den Unterkörper herunter zum Schritt. Empfindungen, Gefühle wahrnehmen. Hineinspüren.

Und jetzt den ganzen Oberkörper vorne wahrnehmen. Von den Schultern bis zum Schritt. Oder so viel davon wie möglich. Wie fühlt es sich an?

Und die Achtsamkeit auf den Rücken lenken. An den Schultern ansetzen. Die Achtsamkeit wie einen langsam sich öffnenden Fächer den Rücken herunter zur Taille. Jede Stelle kennen lernen. und dann die Wahrnehmung des Ganzen beibehalten. Druck? Schwere? Bürde? Trotz? Groll? Leichtigkeit? Kribbeln? Rieseln? Pieken? Stechen? Was immer es sei. Es kommt auf die Wahrnehmung an, und nicht auf die Art der Empfindung oder des Gefühls.

Und jetzt den ganzen Oberkörper gleichzeitig wahrnehmen. Vorne und Rücken. Oder so viel davon wie möglich. Von Schulter bis Taille. Vorne und hinten.

Und jetzt noch die Arme dazunehmen. Oberkörper, vorne und hinten, beide Arme. Oder so viel davon wie möglich wahrnehmen. Was kann ich verspüren? Wie weit kann ich hineinspüren?

An der Taille hinten ansetzen, am Rücken. Die Achtsamkeit wie einen langsam sich öffnenden Fächer ausbreiten. Über den Unterkörper zum Gesäß, bis wo die Beine ansetzen. Stelle nach Stelle kennen lernen. Empfinden. Verspüren. Wahrnehmung des Ganzen von der Taille bis dort, wo die Beine ansetzen, beibehalten. Druck? Pieken? Stechen? Angenehm? Unangenehm? Leichtigkeit? Schwere? Vibration? Stille? Was immer es sei. Diese oder jede andere Empfindung.

Und die Achtsamkeit auf den linken Oberschenkel lenken. Am Schritt ansetzen. Langsam die Achtsamkeit wie einen sich öffnenden Fächer um den linken Oberschenkel herum zum Knie. Jede Stelle wahrnehmen. Hineinspüren. Die Wahrnehmung des Ganzen beibehalten.

Und die Achtsamkeit am linken Knie ansetzen. Langsam öffnen wie einen Fächer. Den linken Unterschenkel herunter bis zum Fußgelenk.

Und jetzt das ganze linke Bein gleichzeitig zur Wahrnehmung bringen. Vom Schritt bis zum Fußgelenk. Oder so viel wie möglich. Feststellen, was dort zu spüren ist.

Und die Achtsamkeit auf die linke Fußsohle lenken. Von der Ferse bis dort, wo die Zehen ansetzen. Wie fühlt sich das an? Was empfinde ich? Und die Achtsamkeit auf den linken Fußrücken lenken. Vom Fußgelenk bis dort, wo die Zehen ansetzen. Langsam wie einen sich öffnenden Fächer die Achtsamkeit verteilen, so dass jede Stelle berührt wird mit der Achtsamkeit. Und dann die Wahrnehmung des Ganzen.

Und jetzt die Achtsamkeit an das untere Ende der fünf Zehen des linken Fußes lenken. Langsam die Zehen entlang zu deren Spitzen. Die Achtsamkeit auf die fünf Zehenspitzen lenken. Und eine Geistesbewegung heraus. Von den Zehenspitzen heraus in den Raum.

Und die Achtsamkeit auf den rechten Oberschenkel lenken. Langsam vom Schritt herunter bis zum Knie. Sich in jede Stelle hineinbegeben. Und dann die Wahrnehmung des Ganzen beibehalten.

Und die Achtsamkeit am rechten Knie ansetzen. Langsam den rechten Unterschenkel herunter bis zum Fußgelenk. Rundherum. Wie ein sich langsam öffnender Fächer. So dass jede Stelle von der Achtsamkeit berührt wird. Die Wahrnehmung des Ganzen dann beibehalten. Warm? Druck? Unangenehm? Angenehm? Neutral? Kribbeln? Rieseln? Vibrieren? Bewegung? Stille? Es kommt nicht auf die Art der Empfindung an. Nur auf die Wahrnehmung.

Die Achtsamkeit auf das ganze rechte Bein lenken, vom Schritt bis zum Fußgelenk. So viel davon gleichzeitig wahrnehmen wie möglich.

Die Achtsamkeit auf rechtes und linkes Bein lenken. Vom Schritt bis zum Fußgelenk. Und so viel davon wahrnehmen, gleichzeitig, wie möglich. Empfindung. Gefühl. Was verspüre ich?

Die Achtsamkeit auf die rechte Fußsohle lenken. An der Ferse ansetzen. Langsam öffnen. Bis dort, wo die Zehen ansetzen.

Und die Achtsamkeit auf den rechten Fußrücken lenken. Vom Fußgelenk bis dort, wo die Zehen ansetzen. Langsam Stelle nach Stelle kennen lernen. Die Achtsamkeit auf das Ganze beibehalten.

Und jetzt die Achtsamkeit an das untere Ende der fünf Zehen lenken. Langsam die Zehen entlang zu deren Spitzen. Die Achtsamkeit auf die fünf Zehenspitzen des rechten Fußes lenken. Und eine Geistesbewegung heraus, aus den fünf Zehenspitzen heraus in den Raum.

Rechten und linken Fuß, Fußsohle und Fußrücken gleichzeitig wahrnehmen. Oder so viel davon wie möglich. Empfindungen kennen lernen. Hineinspüren.

Die Achtsamkeit an das untere Ende aller zehn Zehen lenken. Langsam die Zehen entlang zu deren Spitzen. Die Achtsamkeit auf die zehn Zehenspitzen lenken. Und eine Geistesbewegung heraus, von den Zehenspitzen heraus in den Raum.

Und jetzt gehen wir zurück zu unserem ganzen Körper. Von der Kopfspitze bis zu den Zehenspitzen. Und versuchen, so viel wie möglich von diesem Körper gleichzeitig zu empfinden. Dabei kann es hilfreich sein sich vorzustellen, dass man die Achtsamkeit in der Mitte zwischen Rücken und Vorderseite des Oberkörpers hat. Und sie von dort aus ausbreitet. Zuerst vielleicht die Empfindung im Umkreis dieses zentralen Achtsamkeitspunktes. Und dann weiter verbreiten.

Jetzt noch einmal zu den Fingerspitzen zurück. Dort die Empfindung wahrnehmen. Und eine Geistesbewegung heraus in den Raum. Und zu den Zehenspitzen zurück. Dort die Empfindungen wahrnehmen. Und eine Geistesbewegung heraus in den Raum.

Wir können aufstehen und uns die Beine strecken.

Erläuterungen

Diese Methode, «Im Ganzen» genannt, ist zur Konzentration gedacht, im Unterschied zu der ganz ähnlichen Methode, die wir «Stück für Stück» nennen, wo wir in kleinere Details gehen und die auf Einsicht ausgerichtet ist.

Die «Im Ganzen»-Meditation kann ein guter Einstieg in die erste Vertiefung sein. Sie ermöglicht jedoch auch Einsichten: dass jede Empfindung vergänglich ist und dass nur das erkennbar ist, worauf man seine Achtsamkeit richtet. Wir können nur das wissen, worauf wir den Geist richten. Je vernebelter der Geist ist, desto mehr Nebel sehen wir natürlich. Und je klarer der Geist ist, desto mehr Klarheit.

Der Buddha wurde einmal gefragt, ob er allwissend sei. Er antwortete: «Ich weiß das, worauf ich meinen Geist richte.» Und so ist es für jeden. Wir sind nicht allwissend, sondern wissen das, worauf wir unsere Aufmerksamkeit lenken. Und sehr häufig richten wir den Geist dorthin, wo es äußerst unangenehm ist – und glauben es dann. Eine sehr schädliche Weise, mit sich selbst umzugehen. Und völlig unnötig!

Blockaden auflösen

Jede Meditation, jeder Achtsamkeitsmoment ist eine Möglichkeit der Läuterung. Bei dieser Methode ist das besonders deutlich, weil wir uns auf die Empfindungen konzentrieren. Was immer wir je gefühlt und wie wir reagiert haben, das muss sich körperlich manifestieren. Wenn wir uns freuen, dann lächeln wir oder lachen sogar. Sind wir traurig, dann weinen wir oder ziehen ein unglückliches Gesicht. Das eine ist die Emotion, das andere die Körpermanifestation.

Wenn wir angespannt sind, ziehen wir im Allgemeinen die Schultern zusammen. Es kann sich auch im Bauch manifestieren. Sehr häufig zeigt sich die Angst im Hals oder im Bauch. Bei Frauen eher im Hals, bei Männern im Bauch. Wieso, weiß ich nicht. Es ist auch gar nicht nötig, die Zusammenhänge zwischen Emotionen und körperlichen Manifestationen zu analysieren. Wichtig ist, dass man durch diesen Läuterungsprozess Blockaden loswerden kann.

Wir haben hier außerdem ein Konzentrationsobjekt, das für viele einfacher ist als der Atem. Quält man sich also mit der Konzentration auf den Atem herum und ist schon sehr unzufrieden, dann kann man diese Methode statt der Atembetrachtung benutzen. Vor allem, wenn hierbei die Konzentration besser ist. Hat man jedoch eine Abwehr gegen diese Methode, dann sollte man sie gerade machen. Dann ist es absolut notwendig. Dann will man nämlich nicht an seine eigenen Emotionen und Gefühle heran. Und wenn man da nicht heranwill, kann man sich niemals, niemals selbst erkennen.

Man muss sich nun nicht den ganzen Tag damit herumquälen. Wenn einer wirklich eine Ablehnung hat, genügt einmal morgens und einmal abends. Für diejenigen, die sowieso die Konzentration schon haben, ist es nicht nötig, diese Methode zu benutzen. Und wer sich beim Atem wirklich sehr schwer tut und es hier etwas leichter hat mit der Konzentration, der kann sich auf die «Im Ganzen»-Methode beschränken.

Sollte beim Konzentrieren irgendwann ein entzückendes Gefühl auftreten, aufhören und zu dem entzückenden Gefühl hingehen. Das ist die erste Vertiefung. Wer in der Meditation etwas geübt ist, erlebt das entzückende Gefühl vielleicht schon nach einer Minute. Dann kann man es benutzen und braucht nicht weiterzumachen.

Wir können dem Buddha sehr dankbar dafür sein, dass

er uns Methoden gelehrt hat. Sie wurden von Millionen von Menschen benutzt und haben immer wieder Resultate gebracht. Keiner von uns ist eine Ausnahme. Wir können es alle. Es ist nur eine Zeitfrage. Die Atembetrachtung ist eine Methode. Dieses «Im Ganzen» ist eine Methode. Liebende-Güte-Meditation ist eine Methode. Es gibt noch viele andere. Das sind Bausteine. Benutzen, wenn etwas einem wirklich hilft.

Zwei Dinge gibt es, die aus allen diesen Methoden entstehen: Das eine ist, dass der Geist total zur Ruhe kommt, nicht denkt, eines Tages auch nicht mehr die Geräusche vernimmt während der Meditation, sich vollkommen zur Ruhe begeben und daher Kraft und Stärke regenerieren kann, ohne die der nächste Schritt, die Einsicht, unmöglich ist. Ein Geist, der weder Kraft noch Stärke hat, kann die wahren Einsichten nicht aufnehmen. Er hat einfach nicht die Möglichkeit dazu. Diese beiden Richtungen, Ruhe und Einsicht, gibt es. Beide üben wir ja.

Ich möchte jetzt noch kurz die ersten Schritte der Ruhemeditation erklären. Wir haben «Atem», wir haben diese «Im Ganzen»-Methode, wir haben viele verschiedene Methoden. Aber es gibt nur zwei Resultate: Ruhe und Einsicht.

Zur Ruhe kommen

Jetzt sprechen wir erst einmal von der Ruhe. Von der Ruhe, die den Geist so stark machen kann, dass er wirklich klar sieht. Klar sehen. Natürlich, solange man nicht klar sieht, weiß man das gar nicht. Schaut man z. B. in einen Spiegel, der vollkommen beschlagen ist, und hat noch nie in einen sauberen Spiegel geschaut, wie soll man wissen, dass der Spiegel ganz schmutzig ist? Das weiß man natürlich nicht. Aber wenn dann plötzlich mal irgendeine kleine Stelle dieses Spiegels gesäubert wird, dann sieht man den Unterschied. Dann merkt man: Da ist ja noch viel mehr.

Schwierig. Wie kann man etwas machen, was man gar nicht weiß? Daher: Aufhören zu denken. Wunderbar, nicht? Ist aber absolut möglich. Das heißt aber nicht, im täglichen Leben. Da müssen wir denken. Da sind wir gezwungen.

Ist auch interessant, ob man es überhaupt schon mal gemerkt hat, wie anstrengend das Denken ist. Hat man überhaupt schon mal gemerkt, dass man abends nur deswegen todmüde ist, weil man den ganzen Tag gedacht hat? Man hat vielleicht körperlich nichts Aufreibenderes getan, als einen Stift hin und her zu schieben. Oder heutzutage natürlich aufs Knöpfchen gedrückt. Und dennoch: Man ist todmüde. Ganz berechtigterweise ist man todmüde. Man hat den ganzen Tag gedacht.

Das ist eine aufreibende Tätigkeit, der wir uns alle hingeben, um unseren Lebensunterhalt zu verdienen, um unseren Verpflichtungen nachzukommen. Da muss man mit einem klaren Gedanken rangehen.

Aber es gibt so viele Zeiten, schon während des Alltags, wo gar nichts zu bedenken ist. Und der Geist denkt immer weiter. Jetzt haben wir hier die Möglichkeit, damit einmal aufzuhören und durch eine der Methoden zur Ruhe zu kommen.

Dieser Weg, zur Ruhe zu kommen, hat natürlich Vorbedingungen, die wir erfüllt haben müssen. Und die wir teilweise hier im Kurs erfüllen und teilweise schon in unserem Leben erfüllt haben.

Die erste Vorbedingung ist, dass wir uns freudig hinsetzen zum Meditieren. Das habe ich schon einmal erwähnt. Ohne das geht es überhaupt nicht. Wenn wir uns ärgerlich hinsetzen oder ablehnend und überhaupt nicht wissen, wie wir uns hinsetzen müssen, funktioniert es nicht allzu gut. Vor allen Dingen nicht, wenn man Probleme wälzt. Dann geht es überhaupt nicht.

Wir dürfen uns nicht hinsetzen mit irgendeinem Leistungsdruck. «Jetzt kann ich drei Vertiefungen. Wieso kommt denn die vierte nicht?» Oder so etwas. Oder: «Ich mache das schon acht Jahre. Das muss doch jetzt genügen.» Hilft alles nichts. Das sind Gedanken, die wir anschauen und darüber lächeln können. Es sind weltliche Gedanken.

Willenskraft

Also wir brauchen vor allen Dingen erst mal Freude und dann keinen Leistungsdruck, kein Resultatdenken. Und dann brauchen wir noch etwas: Willenskraft. Willenskraft ist nicht zu verwechseln mit Etwas-haben-Wollen. Das hört sich ähnlich an, Willenskraft und Wollen, aber es ist nicht das Gleiche.

Es ist weder Habenwollen noch Loswerdenwollen. Es ist: den Willen einsetzen für das, was ich im Moment tue und für richtig halte. Es ist eine Entschlusskraft, eine Ankurbelung der inneren Kräfte, die wir alle haben. Je weniger wir sie ankurbeln, desto mehr sacken wir alle ab. Jeder kennt das Gefühl, wie das ist, wenn man absackt. Wir rechtfertigen uns natürlich: «Wir haben zu viel zu tun. Alles tut weh. Wir sind zu müde. Es ist zu früh, zu spät, zu kalt, zu warm.» Der Buddha hat gesagt: «So redet ein Narr.» Zu früh. Zu spät. Zu kalt. Zu warm.

Die Willenskraft ist ein so wichtiger Punkt, dass wir ihn nicht aus den Augen lassen dürfen. Wie viel Willenskraft habe ich, wenn ich mich hinsetze, mich wirklich zu konzentrieren? Oder überlasse ich es dem Geist, zu machen, was er will? Wenn ich das Letztere tue, so ändere ich nichts von dem, was im Alltag geschieht. Wir lassen den Geist immer machen, was er will. Da kommt nichts dabei heraus auf der meditativen Ebene. Wenn wir aber einmal anfangen, die Willenskraft wirklich zu benutzen, dann fassen wir beim Hinsetzen einen Entschluss. Der Entschluss ist: Ich will mich konzentrieren. Oder: Ich lasse die Gedanken fallen. Oder: Ich bleibe beim Meditationsobjekt. Was immer es sei. Das kann sich jeder selber ausdenken.

Die Willenskraft ist bei jedem vorhanden. Das ist gar keine Frage. Aber die meisten Menschen benutzen sie nicht oder benutzen sie zum Überleben. Denn es braucht Willenskraft, um jeden Morgen aus dem Bett zu steigen und zur Arbeit zu gehen. Es braucht Willenskraft, die Arbeit so gut wie möglich zu verrichten. Alles, was wir tun, braucht Willenskraft. Und wenn wir sie nur dafür verwenden, dass wir überleben, so ist es eine Verschwendung unserer schönen Willenskraft. Denn überleben tun wir alle nicht.

Wir können also unsere Willenskraft anders einsetzen. Wir können sie z. B. hier einsetzen, wenn wir uns hinsetzen und wissen: «Aha, jetzt brauche ich sie zum Ankurbeln.» Wenn nun der Geist noch immer sehr zerstreut ist und viele Gedanken hat, dann muss man diese Willenskraft immer wieder hochbringen. Das ist, wie wenn man sich zu Neujahr vornimmt: «Ich werde nie mehr rauchen.» Und am zweiten Januar muss man wieder diesen Entschluss fassen. Und dann am dritten und am vierten. Das geht einfach nicht mit «nie mehr». Das heißt also, die Willenskraft muss immer wieder angekurbelt werden, bis es eines Tages selbstverständlich ist, bis man sich so konzentriert, dass man das überhaupt nicht mehr beachten muss. Aber das passiert natürlich nur, wenn man das jeden Tag tut.

Die Willenskraft gibt uns Stärke. Und je mehr Stärke wir einsetzen, desto mehr Stärke können wir empfinden, weil wir ja nichts anderes in dem Moment denken. Alles, was wir einspitzig denken, gibt uns Stärke. Nur der diffuse Geist ist schwach. Er verbreitet sich und hat daher keine innere Stärke. Er verbreitet sich nach allen Himmelsrichtungen. Überall berührt er etwas, aber nur oberflächlich.

Das ist der Unterschied zwischen einem Menschen, der meditiert, und einem, der nicht meditiert: Die Geistesstärke verändert sich. Natürlich meditieren viel zu wenige Menschen auf der Welt. Aber das ist etwas, das wir im Moment nicht ändern können. Wenn wir uns also hinsetzen mit Willenskraft, dann haben wir schon einen Schritt getan. Freude. Einen Entschluss fassen, wie immer man ihn formuliert. Und dann, wenn die Konzentration mit einer der Methoden lange genug angehalten hat, dann gelingt es uns, die Schwelle nach innen zu übertreten.

Das Tor nach innen

Ich bezeichne unsere Methoden als Schlüssel. Wenn man mit einem Schlüssel eine Tür aufschließen will, so muss man den Schlüssel lange und fest genug in der Hand haben, um das Schlüsselloch zu treffen. Und dann kann man aufschließen. So ist es mit den Methoden. Eine von den Methoden müssen wir lange genug und fest genug im Sinn haben. Und dann können wir dieses Tor nach innen aufschließen.

Die meisten Menschen wissen gar nicht, dass sie ein Tor nach innen haben. Es ist verschüttet von unseren Gedanken und Reaktionen, von unseren Wünschen und Begierden, von unseren Ablehnungen. Dieses Tor nach innen, natürlich nur bildlich gemeint, hat jeder. Und wenn es uns gelingt, durch die Konzentration, und es gibt nichts anderes als Konzentration, dieses Tor einmal aufzuschließen, dann haben wir genügend Läuterung erlebt, so dass das Tor wenigstens klar daliegt. Da haben wir schon genügend Zeit damit verbracht, nicht zu denken und nicht zu reagieren. Nun ist «genügend» unmöglich in Zahlen zu fassen. Bei manchen dauert es sehr lange, bei manchen geht es schnell. Genügend bedeutet in jedem Fall, während der Meditation mal einige Zeit überhaupt nichts anderes im Geist zu haben als das Meditationsobjekt.

Wenn wir diese Schwelle überschreiten, kommen wir nach innen. Und wenn wir nach innen kommen und dort nicht nur ganz momentan, sondern etwas länger bleiben können, haben wir gefunden, was ich «das Heim für den Geist» nenne. Bis jetzt war der Geist heimatlos. Erst wenn er sich dort ausruhen, sich erfreuen, beglückt werden kann, weiß er, was es bedeutet, eine Heimat zu haben.

4

Meditation – Die Brücke

Die Schlange richtig anpacken

Der Buddha hat seine Lehre mit einer Schlange verglichen. Man kann eine Schlange am Schwanz anfassen. Dann beißt sie einen bestimmt. Und wenn sie giftig ist, kann das tödlich sein. Man kann sie aber auch hinter dem Kopf greifen. Und dann ist es vollkommen sicher, und man ist keinerlei Gefahren ausgesetzt.

Was hat er damit gemeint? Auch was wir hören oder lesen, können wir falsch anpacken. Und dann beißt es uns. Es kann so giftig sein, dass es unser Leben verschlechtert statt verbessert. Oder uns derartige Schwierigkeiten macht, dass wir nicht mehr weitermachen. Sollte es nicht giftig sein, so tut es auf jeden Fall weh. Jeder Biss tut weh.

Was braucht man dazu, um zu wissen, wo die Schlange anzupacken ist? Ich glaube nicht, dass man sehr viel Intelligenz dazu braucht. Denn die Lehre des Buddha ist so pragmatisch und einfach. Aber man braucht gesunden Menschenverstand. Man muss mit beiden Füßen auf dem Erdboden stehen, um zu sehen, was man da tun kann.

Ich möchte einmal die vier am meisten verbreiteten Fehler aufzählen, die beim Anpacken des Dhammas gemacht werden.

Der erste Fehler ist, dass man selber interpretiert. Die Worte des Buddha sind vollkommen klar und ganz einfach und bedeuten nichts anderes als das, was dasteht oder gesagt wird. Eigeninterpretationen sind total unnötig. Ja, sie führen uns sogar auf Abwege. Denn die eigenen Interpretationen benutzen wir ja seit Jahrzehnten für alles, was uns entgegenkommt. Das muss man hier bei dieser Lehre mal versuchen abzulegen. Da gibt es nichts zu interpretieren. So ist es.

Der zweite Fehler ist, sich das herauszusuchen, was einem gefällt. Ich mache weder Kontemplation noch versuche ich mich selbst zu erkennen. Nein, ich hätte lieber mehr «liebende Güte». Oder aber man kümmert sich nur darum, dass einem der eigene Tod bevorsteht, und lässt alles andere weg. Nein, es ist ein totales Lehrgebäude, in dem alles gleich wichtig ist. Sonst hätte es der Buddha nicht erwähnt. Wenn man bei irgendeinem der Dinge mehr Schwierigkeiten hat, kann man sie natürlich öfter üben. Aber es bedeutet noch lange nicht, die anderen wegzulassen. Alles gehört zusammen.

Der dritte beliebte Trick, sich da irgendwie rauszuwursteln, ist, irgendetwas falsch zu finden, was der Lehrer gesagt hat. Das braucht man dann nicht zu praktizieren, weil es ja nicht stimmen kann. Wieso es nicht stimmt, ist nicht klar.

Die vierte Möglichkeit ist, dass der Mut fehlt, mal etwas ganz Neues auszuprobieren. Man fällt immer wieder auf das zurück, was man sowieso schon kann und weiß. Was einem irgendwie logisch erscheint und wo man durch irgendwelche Lektüre, Philosophen, Wissenschaftler eine Unterstützung bekommt, dass es stimmt. Doch der Buddha braucht keine Unterstützung. Er hat nicht aus einem intellektuellen Verständnis gesprochen, sondern aus dem Bewusstsein einer Totalität und Vollkommenheit, die alles überschreitet, wovon wir uns im Moment überhaupt ein Bild machen können. Dass seine Worte häufig die Thesen der Wissenschaftler unterstützen, das stimmt. Aber umgekehrt ist das nicht nötig.

Wir brauchen Mut, uns an das Neue heranzuwagen. Das tut man natürlich nur dann, wenn man weiß, dass das Alte nicht funktioniert hat. Es muss ganz neu sein. Und was der Buddha lehrt, ist im Prinzip ganz neu.

Hingabe

Erst wenn dieser Mut in einem aufgestiegen ist, dann kann man sich hingeben. Hingabe ist eine ganz wichtige Handlung, ohne die Meditation, ohne die der ganze Weg nicht funktioniert. Und Hingabe ist nur dann möglich, wenn man das Ich mal aus dem Spiel lässt. Die Egobezogenheit – «ich weiß, ich kann, ich mache, ich werde» – muss weg. Stattdessen: «Ich gebe mich dem Moment, der ist, hin.»

Das ist bei der Meditation ein Kernpunkt, eine Essenz der Praxis. Die meisten Menschen, und das kann man ganz schnell mal untersuchen, möchten was bekommen, und wenn es auch noch so spirituell ist. Ich hätte gerne etwas Spirituelles, und es soll mir helfen und es soll «meines» werden. Schriftliche Garantie, dass da nichts daraus wird. Im Gegenteil. Noch mehr Durcheinander. Denn auf der materiellen Ebene kann man wenigstens noch mit dem Finger zeigen: «Das hätte ich gerne.» Und dann kann man es eventuell sogar noch kaufen.

Aber auf der spirituellen Ebene, worauf will man da mit dem Finger zeigen? Irgendeiner soll einem irgendwas geben? Wer soll was geben? Also, auf der spirituellen Ebene ist dieses Bekommenwollen nicht nur nicht von Nutzen, sondern total gegen alles, was wir versuchen zu tun. Hier gibt es nur eines. Und das ist sich selbst hingeben.

Da muss man mal fünf Minuten – ach was heißt fünf Minuten? –, eine Minute sich selber vergessen. Das Herrlichste, was einem passieren kann. Ich kann nur empfehlen, es einmal auszuprobieren: sich selbst vergessen und sich dem hingeben, was in dem Moment geschieht. Wir stehen dann als ein neutraler Beobachter neben uns selbst. Derjenige, der da sitzt und kontempliert, der ist nicht mehr im Spiel. Der Beobachter ist im Spiel. Das bedeutet Hingabe an das, was geschieht.

Man kann noch so viel versuchen, im Geist hin und her zu rangieren. Der Geist hat sich nur von den materiellen Dingen, die man anfassen kann, zu den Dingen gewendet, die man nicht anfassen kann. Und von denen er glaubt, dass sie spirituell sind. Der tibetische Meister Chögyam Trungpa nannte das «spirituellen Materialismus».

Ohne Hingabe gibt es keine Spiritualität. Und was ist Hingabe? Das ist die Weichheit des Herzens. Es ist ein Auflösen. Es ist das, was für einen Mystiker eine Selbstverständlichkeit wird, was auf dem Weg dorthin gelernt werden muss. Ohne Hingabe bleibt das spirituelle Leben eine Phantasie, was es für die meisten Menschen bleibt. Es wird zwar viel mehr als früher darüber geredet und geschrieben, doch es bleibt eine hoffnungsvolle Phantasie. Wenn man sich nicht selbst hingeben kann, ist nichts zu machen.

Nachspüren, was in einem geschieht

Bei jeder Kontemplation sich als Erstes mal vor Augen führen: Was kann ich tun? Mich selbst mal vergessen. Und das erleben, was in mir hochkommt. Von was spreche ich denn die ganze Zeit? Nur von den Dingen, die in uns hochkommen. Kontemplation muss nicht in der Art und Weise durchgeführt werden, wie ich sie anleite. Das sind Vorschläge. Man kann sich zum Beispiel eine ganze Stunde lang mit der Frage beschäftigen: Wie lerne ich, mich hinzugeben? Natürlich bleibt der Geist nicht eine Stunde dabei. Das ist klar.

Man kann sich auch fragen: Habe ich das Dukkha, das in mir herrscht, wirklich verstanden? Oder bin ich dabei, ständig darunter zu leiden? Und mir vielleicht auch noch Leid zu tun? Dann habe ich nämlich nicht nur Doppel-, sondern «Tripeldukkha». Auch ein interessantes Erlebnis. Was das Ego natürlich verstärkt. «Schau nur, wie schlecht es mir geht.» Kann ich das erkennen? Weiß ich, was das bedeutet, dass die Welt, alle Existenz Dukkha hat?

Oder man kann sich fragen: Wie oft am Tag empfinde ich Liebe? Mal nachzählen. Und vielleicht feststellen, es könnte noch etwas öfter sein. Man muss nicht versuchen, sich die ganze Anleitung der Kontemplation zu merken. Am besten kontempliert man, was gerade in einem hochkommt. «Um was geht es denn bei mir eigentlich?» Das ist ein ausgezeichnetes Kontemplationsobjekt. Um was geht es denn bei *mir*? Nur das ist interessant. Und immer wieder versuchen, sich dem hinzugeben, was in mir selber existiert. Da muss man Spürsinn entwickeln. Nachspüren, was in einem geschieht. Nicht überlegen. Spüren. Das ist der Unterschied zwischen Kontemplation und der gewöhnlichen Art des Denkens. Innerlich spüren, nicht überlegen.

Um von der relativen Ebene zur absoluten Ebene zu kommen, brauchen wir eine Brücke oder eine Leiter. Meditation und Kontemplation. Die erste zielt auf Ruhe, die zweite auf Einsicht. Wenn uns nicht klar wird, dass es eine ganz andere Ebene gibt, und – auch wenn wir sie vielleicht noch nicht kennen – nicht genug Vertrauen haben, uns ihr nähern zu wollen, haben wir keinen spirituellen Pfad. Dann haben wir den spirituellen Materialismus, der übrigens so weit verbreitet ist, dass dieser Buchtitel von Chögyam Trungpa ein geflügeltes Wort geworden ist. Er ist so weit verbreitet, weil die Schlange am Schwanz angepackt wird statt hinter dem Kopf.

Woran kann man erkennen, dass man gebissen wird

vom Dhamma? Ganz einfach: Wenn man nicht glücklich ist. Wenn man immer noch für sein Glück etwas sucht, was durch die Sinne kommen soll. Dann hat man diese Schlange am Schwanz angepackt und ist gebissen worden.

Das Dhamma ist in jeder Phase, auf jedem Schritt beglückend, weil es die Wahrheit in sich trägt. Ob wir bereits große Schritte oder nur kleine gemacht haben, ist egal. Doch wenn es uns nicht beglückt und wir noch dazu unsere Umwelt auch nicht mit beglücken, können wir ganz sicher sein: Wir haben es nicht richtig angepackt.

Es gibt viele Möglichkeiten, Fehler zu machen. Aber es gibt noch mehr Möglichkeiten, es auch richtig zu machen. Da muss man sich an seine Empfindungen halten, nicht an die widersprechenden Emotionen, die ständig in einem hochkommen. Und die immer nur damit beschäftigt sind, was wir gerne und was wir nicht gerne haben. Um die geht es nicht. Die haben wir außerdem. Das sind die menschlichen Schwierigkeiten.

Hier geht es darum, den Spürsinn dafür zu entwickeln, was wirklich in uns geschieht.

Wir müssen erkennen können, dass diese Ebene, mit der wir uns ständig beschäftigen, nichts anderes ist als die Lernsituation, die unterste Ebene der menschlichen Existenz, weil sie mit einem der sechs Sinneskontakte verbunden ist. Meistens mit Denken. Denken ist einer der sechs Sinneskontakte. Das soll nicht heißen, dass Denken schlecht ist. Es soll nur heißen, dass wir erkennen müssen, dass es nicht das ist, was wir eigentlich suchen.

Um also den Weg gehen zu können, der uns auf ganz neue Bewusstseinsebenen führt, so dass wir die Mystiker des 21. Jahrhunderts sein können, brauchen wir das Mittel der Meditation.

Nur ein freudiger Geist kann meditieren

Die Idee, ich möchte gern meditieren, um Freude zu haben, darf sofort fallen gelassen werden. Es ist nichts haben zu wollen. Es ist loszulassen. Ich kann es gar nicht oft genug sagen, weil ich genau weiß, dass es nicht nur oft genug vergessen, sondern auch total falsch verstanden wird. Persönliche Interpretation. An sich ist der Satz doch ganz einfach, nicht? Ich sage ihn noch einmal: «Nur ein freudiger Geist kann meditieren.»

Was könnte noch einfacher sein? Also, nächste Frage: Wie mache ich meinen Geist freudig? Ganz einfach: Indem ich alles Nichtfreudige fallen lasse. Jetzt kommt noch dazu: Wieso tue ich das eigentlich nicht? Auch das ist einfach zu beantworten: Weil ich mir eigene Interpretationen zugeeignet habe: Wer ich bin, wie ich bin, was ich kann, was ich nicht kann. Wieso nicht einmal aufhören mit dem ganzen Zeugs und einfach loslassen?

Vertrauen wie ein Kind, das die Hand der Mutter nimmt und sich über die belebte Straße führen lässt. Das Kind fragt auch nicht, ob die Mutter genau gesehen hat, wie viele Autos da kommen, ob sie die Automarken kennt, ob sie weiß, wie schnell man zu gehen hat, ob sie weiß, wie weit der gegenüberliegende Bürgersteig entfernt ist. Nix. Es nimmt die Hand und geht. Mal versuchen, die Hand des Buddha, das Dhamma, zu nehmen und wirklich zu machen. Nicht erst fragen: «Könnte ich, würde ich, kann ich, werde ich?»

Zweifel oder Freude?

Da gibt es eine Geschichte aus des Buddhas Leben, wo ein Mann von einem giftigen Pfeil getroffen wird. Und er fällt um. Die Umstehenden holen einen Arzt, der dem Getroffenen helfen soll. Der erlaubt aber nicht, dass man ihm den Pfeil aus der Brust zieht, sondern will erst wissen, mit welchem Gift wohl der Pfeil bestrichen war, ob er Federn dran hatte, aus welchem Holz er bestand, aus welcher Richtung er kam, ob man weiß, wer ihn abgeschossen hat, ob der Arzt weiß, was er zu tun hat, wenn er den Pfeil herauszieht. Nachdem der Verwundete all das von sich gegeben hatte, war er tot.

Wir nennen das ganz einfach das «fünfte Hindernis»: skeptischer Zweifel. Wozu? Wozu? Ja, so ist der menschliche Geist. Aber müssen wir das mitmachen? Nein. Also Vertrauen. Das ist das Erste. Danach kommt automatisch Freude hoch. Freude, dass man einen Weg gefunden hat, auf dem man jedem Dukkha entkommen kann. Weil zwar nicht das Leid verschwindet, wohl aber der Leidende. Dass diese Möglichkeit auf einer anderen Bewusstseinsebene besteht und man sich dorthin auf den Weg machen kann.

Diese Freude genügt, um den Ansatz zur Meditation zu finden. Auf was warten wir? Entweder jetzt oder gar nicht. Rabbi Hillel hat gesagt: «Wenn nicht ich, wer denn, wenn nicht jetzt, wann dann?» Jetzt, diesen Moment. Jetzt gleich.

Wenn es einem nicht möglich ist, auf dem Kissen zu sitzen und Freude und Dankbarkeit darüber zu empfinden, dass man diesen Weg gezeigt bekommen hat, dann muss man sich an irgendetwas erinnern, was einen besonders erfreut hat. Wie schlecht es einem geht, ist nur eine Egobestätigung. Doch wenn man sich jetzt einredet, dass man alles kann, alles weiß, das ist auch eine Egobestätigung.

Freude ist ein innerer Zustand, der nicht abhängt von äußeren Dingen. Da ist es egal, wie schlecht die Luft und ob es heiß oder kalt ist. Da ist es ganz egal, was mir alles schon im Leben passiert ist. Jeder kann doch einen Roman schreiben. Das ist überhaupt kein Kunststück. Und? Der eigene Roman ist immer der «romanste», das ist der beste. Das sind alles Egotrips, weiter gar nichts. Und der ganze Weg des Buddha ist, diese Egotrips mal zu erkennen. Und dann kann man sie loswerden.

Wir brauchen dazu Willenskraft, nicht Wollen, nicht was haben wollen, sondern die ganze Kraft, die wir innerlich besitzen. Und jeder hat diese Kraft. Außer wenn man sehr krank ist. Dann ist sie nicht so vorhanden. Aber jeder, der einigermaßen gesund ist, hat Willenskraft. Diese Willenskraft darauf ausrichten, dass man das diskursive Denken des Geistes aufgibt.

«Und plötzlich war nichts!»

Um zu meditieren benützen wir Methoden. Sie sind dazu da, den Geist zu bannen, damit er nicht in die ganze Weltgeschichte hinausgeht, sich Sachen ausdenkt, die gar nicht stimmen, phantasiert und wieder in Negativitäten verfällt. So wie man einen wilden Ochsen an einen Pfahl anbindet. Damit wird es verglichen.

Die Methode ist nicht die Meditation. Die Methode ist die Lernsituation. Nehmen wir einmal den Atem. Das ist die Methode. Wenn sich jetzt der Geist mit Willens- und Entschlusskraft – zwei der so genannten «Vollkommenheiten» – und Freude dem Atem hingibt (und nicht etwa darüber nachdenkt, wie der Atem sein könnte, wenn dies oder das wäre), dann besteht überhaupt kein Grund, warum man sich nicht konzentrieren kann. Das kann am Anfang kurzfristig sein, klar. Weil der Geist einfach nicht daran gewöhnt ist. Aber selbst kurzfristige Konzentration bedeutet schon einen Ruhepunkt.

Die noch nicht lange meditiert haben, beschreiben diesen Ruhepunkt häufig so: «Und plötzlich war nichts.» Das heißt nichts anderes als: «Plötzlich waren die Gedanken mal kurzfristig weg.» Der Atem war natürlich da. Sonst wäre man ja tot, nicht? Aber da es so erstaunlich war, mal ohne Gedanken zu sein, hat derjenige natürlich auch vergessen, auf den Atem zu achten, und beschreibt es dann mit: «Da war nichts.» Das ist eine falsche Beschreibung. Denn ohne Atem geht es nicht. Also einfach beim Atem bleiben.

Und wenn man etwas länger beim Atem bleiben kann, dann kommt zuerst einmal die *angrenzende Sammlung*. Da erscheint es so, als wäre man die ganze Zeit nur mit dem Atem beschäftigt. Doch im Hintergrund spielen sich nebelhafte Gedanken ab, denen man gar keinen Namen geben kann. In diesem Fall wäre die Methode des Etikettierens nur störend. Was man jetzt braucht, ist etwas mehr Willenskraft, um bei dem Atem zu bleiben.

Wenn die angrenzende Sammlung in die volle Sammlung übergeht, das heißt, wenn diese nebelhaften Gedanken im Hintergrund nicht mehr bemerkbar sind, sondern der Atem effektiv das ist, wo man bleibt, dann wird der Atem immer feiner und feiner, weil der Geist feiner wird. Die Feinheit des Geistes liegt daran, dass wir mal kurzfristig weder etwas haben wollten noch irgendetwas abgelehnt haben. Weder Gier noch Hass. Nichts. Gar nichts. Und daher dann dieser Satz: «Da war gar nichts.»

Die erste Vertiefung: Entzückendes Empfinden

Wenn diese Feinheit geschieht, kann es auch sein, dass der Atem schwer zu entdecken ist, manchmal gar nicht. Dann kommt ein inneres Empfinden hoch, das entzückend ist: die erste Vertiefung. Dieses entzückende Empfinden ist dann Meditationsobjekt. Und dann sind wir auf dem Weg, diese Brücke zu überschreiten und uns der absoluten Wahrheit zu öffnen.

Das entzückende Empfinden hat mit der absoluten Wahrheit nur so weit zu tun, als dass wir es immer in uns tragen. Also auch dann, wenn wir uns für einen armen Tropf halten, uns furchtbar Leid tun, wie schlecht es uns geht, und wir nur Unsinn im Kopf haben. Denn in Wirklichkeit haben wir in uns jederzeit, immer, ein entzückendes Empfinden. Wir brauchen nur die ganzen anderen Emotionen loszulassen und können auf Anhieb dorthin. Es ist jedem Menschen zugänglich.

Wenn wir jetzt in der ersten Vertiefung das entzückende Empfinden bemerken, so ist das unser Meditationsobjekt, und daraus haben wir etwas zu lernen. Und zwar existiert diese Lernsituation nach der Meditation. Wir kommen zu diesem Gefühl, weil wir auf dem Atem geblieben sind. Nun ist es so: Dieses entzückende Empfinden zu suchen funktioniert nicht. Haben zu wollen funktioniert noch weniger. Willenskraft und Entschlusskraft zur Konzentration und Freude, den Weg zu gehen, das funktioniert. Alles andere kann man vergessen. Und da muss man auch wieder sich selbst vergessen.

Kann man sich nicht mal vorstellen, wie winzig klein, geradezu unsichtbar wir sind? Und dennoch, wenn wir Freude empfinden, strahlen wir Freude aus. Und dann ist Freude um uns herum. Wenn wir uns selber Leid tun, wenn wir uns nur an die schlechten Dinge erinnern, dann strahlen wir Ärger und Ablehnung aus. Wollen wir eine Wahl treffen, oder glauben wir, dass wir – wahllos – zwischen unseren Emotionen hin und her geworfen sind?

Wenn wir anfangen zu praktizieren und immer weiter praktizieren, dann können wir eine Wahl treffen. Möchten wir gerne Freude und Glück ausstrahlen? Oder lieber Ärger und Ablehnung, Böswilligkeit und Negativität? Was wollen wir? Die entzückende Empfindung lehrt uns, dass sie in uns lebt, immer, in jedem Moment. Und dann ist die Wahl nicht mehr so schwer.

Und das Zweite, was wir sofort erkennen, ist: Nichts hat diese entzückende Empfindung ausgelöst, außer dass ich mich mal endlich konzentriert und an nichts anderes gedacht habe. Na, das ist doch wunderbar!

Bei manchen Menschen genügt es, sich zehn Minuten zu konzentrieren. Manche brauchen länger. Es kommt darauf an, wie viel Läuterung schon vorangegangen ist. Wenn man das schon jahrelang macht, braucht man sich überhaupt nicht zu konzentrieren. Dann ist es selbstverständlich.

Der Sinn des Ganzen ist, den Geist so zu beruhigen, dass tiefe Einsichten möglich und schließlich selbstverständlich werden. Ich vergleiche das immer mit einem aufgewühlten Teich, wo im Wind die Wellen hochgehen. Erst wenn sich die Oberfläche des Wassers glättet und alles ruhig wird, kann man bis hinunter auf den Grund schauen und den Sand, die Muscheln und die Fische genau erkennen.

Genauso ist es bei uns drin. Wir wissen überhaupt nicht, was in uns existiert, solange wir mit Reaktionen auf der geistigen oder emotionalen Ebene beschäftigt sind. In uns gibt es das höchste Potential, aber es gibt auch die niedrigsten und verwerflichsten Emotionen. Wir haben eine Skala, die von der Hölle bis zum Himmel reicht. Es ist einzig und allein unsere Wahl. Wir wissen, was Hölle und was Himmel bedeutet, und wo wir uns eigentlich meistens befinden.

Diese blaue Sache mit weißen Wölkchen, das interessiert uns wohl nicht allzu sehr. Das kann man ja in einem Flugzeug erleben. Wir denken: Himmel ist Paradies. Und was stellen wir uns darunter vor? Natürlich haben wir das Paradies in uns. Sicher. Wollen wir dahin? Wie macht man das?

Ganz einfach: Aufhören, haben zu wollen. Sich hingeben und einmal aufhören zu denken, auch wenn nur kurzfristig. Erleben statt denken. Dieses Erleben ist ein Teil der Hingabe, und in uns existiert das alles. Jeder hat es. Es gibt keinen Menschen, der es nicht hat. Und es ist vielleicht ganz klug, mal eine Kontemplation zu machen: «Wieso kann ich da eigentlich nicht hin? Was hält mich denn die ganze Zeit ab davon?» Sollte man einmal da hingekommen sein, was bei vielen von euch der Fall ist, dann ist es sehr wichtig, am Ende der Meditation die bekannten drei Schritte zu machen.

Drei Schritte

Der erste ist: Wie bin ich dahin gekommen? Wie habe ich nun endlich mal die Konzentration hochgebracht? Bin ich außerhalb der Meditation achtsam gewesen? Habe ich Freude gehabt? Habe ich anders gesessen? Habe ich mehr Willenskraft gehabt? Habe ich endlich begriffen, dass es nicht darum geht, besser über die Runden zu kommen? Was habe ich anders gemacht?

Und dann der zweite Schritt: Auch dieses Entzücken ist vergänglich. Aber nicht einfach vor sich hinsagen. Das wird dann mechanisch, wie sehr vieles in allen Religionen mechanisch wird und überhaupt keinen Zusammenhang mehr mit dem wirklichen Innenleben hat und daher sinnlos wird. Nicht einfach: «Ah so, ist vergänglich.» Sondern es spüren, dass sich das Empfinden nach der Meditation verflüchtigt, bis man sich wieder hinsetzt und es wieder hochbringt.

Und als Drittes: Was lerne ich? Was habe ich gelernt? Und sich dafür etwas Zeit geben. Und wenn der Geist sagt: «Gar nichts», nochmals probieren.

Das sind die drei Schritte nach der Meditation. Sie sind vor allen Dingen wichtig, wenn das entzückende Empfinden in der ersten Vertiefung zum Meditationsobjekt geworden ist, aber sonst auch bei jeder Meditation, die besser geklappt hat als sonst.

Ich möchte noch einmal besonders betonen: Ohne Achtsamkeit und Freude geht es nicht. Und jeder hat die Fähigkeit, beides zu praktizieren. Und wenn wir das tun, haben wir Resultate, die uns erfreuen, die uns beglücken. Aber wir suchen nicht das Resultat – das ist der größte Fehler, den wir machen können –, sondern wir sind einfach achtsam und freudig.

Die Resultate sind die automatischen Folgen von den Ursachen. Wenn wir die richtigen Ursachen in die Wege leiten, haben wir die richtigen Wirkungen. Da brauchen wir niemand zu suchen, der da etwas für uns getan hat. Es ist alles von uns selber gemacht.

KONTEMPLATION IV:

Über Vertrauen und Liebe

Zu Beginn wollen wir die Achtsamkeit für ein paar Momente auf den Atem lenken.

Wir wollen in uns selbst hineinschauen und einmal erkennen, wie oft wir uns selbst verurteilen. Oder ob wir es überhaupt tun. Und wenn ja, wieso? Und gereicht uns das zum Glück?

Und jetzt wollen wir einmal feststellen, ob wir uns selbst liebend umarmen können. Und uns so akzeptieren, wie wir sind. Mit dem Entschluss, alles, was störend ist, loszulassen. Aber dennoch eine liebende Umarmung. Und wenn uns das nicht gelingt, wieso nicht? Schauen, ob wir den Grund finden können, die Ursache.

Wir wollen einmal erkennen, ob wir Vertrauen zu anderen Menschen haben, oder ob wir immer sichergehen wollen. Ob wir ihnen leicht vertrauen können, uns ihnen liebevoll nähern können. Oder ob es uns schwer fällt. Und vielleicht auch noch den Grund finden, wieso es uns schwer fällt.

Wir können einmal versuchen zu erkennen, ob wir Vertrauen in die eigene Fähigkeit haben, Liebe zu entwickeln und den spirituellen Pfad zu gehen. Haben wir Vertrauen in unsere eigenen Fähigkeiten? Und wenn nicht, warum nicht?

Wir können einmal untersuchen, ob wir uns dem Erleuchtungsprinzip des spirituellen Weges vertrauensvoll nähern können. Das lieben und uns dem hingeben können.

Und wir wollen in unser Herz hineinschauen und erkennen, ob wir andere Menschen oft oder selten negativ beurteilen. Oder ihnen sogar feindselig gegenüberstehen. Und wenn ja, warum? Wieso passiert uns das? Und wollen wir es aufgeben?

Und jetzt wollen wir einmal untersuchen, ob wir unsere Liebesfähigkeit nur für die Menschen verwenden, die wir «mein» nennen. Oder ob wir schon weiter gegangen sind. Wir wollen einmal untersuchen, wieweit unsere Liebesfähigkeit zu den Menschen geht, die wir «mein» nennen. Gibt es da einen Unterschied zu den Menschen, die wir nicht so gut kennen oder die uns fremd sind? Können wir diesen Unterschied in uns feststellen? Wollen wir den Unterschied verkleinern?

Wir wollen untersuchen, ob wir schon probiert haben, bedingungslose Liebe zu verschenken. Oder ob es uns noch immer darauf angekommen ist, ob wir wiedergeliebt werden. Und ob wir erkennen können, dass uns das nicht zu Glück und Frieden führt.

Und wir wollen untersuchen, ob wir glauben, dass unsere Liebesfähigkeit von anderen abhängig ist. Ob wir glauben, dass wir nur lieben können, wenn andere liebenswert sind. Und wenn ja, können wir uns entscheiden, das loszulassen?

Wir wollen jetzt untersuchen, wieweit wir uns anstrengen, um geliebt zu werden, statt uns anzustrengen zu lieben. Wir wollen untersuchen, ob wir den Gegensatz erkennen und uns entscheiden können für die Ebene unserer eigenen Liebesfähigkeit.

Und wir wollen einmal untersuchen, wie oft und wofür wir dankbar sind. Und ob wir erkennen können, dass Vertrauen, Dankbarkeit, Liebe und Hingabe in unserem Herzen sind. Und unser Herz untersuchen, ob es diese Eigenschaften von sich gibt. Oder ob sie, obwohl wir sie haben, fest zusammengeballt innen versteckt sind.

Wir wollen untersuchen, ob wir uns der Meditation hingeben können, oder ob wir Resultate erwarten. Hingabe ist Selbstvergessenheit. Wieweit gelingt uns das?

Wir wollen einmal untersuchen, wieweit wir uns separat von jedem anderen Menschen fühlen. Oder ob wir schon ein Gefühl der Zusammengehörigkeit haben. Und es daher viel leichter haben, unpersönlich zu lieben. Wieweit stehen wir abseits von den anderen und fühlen uns getrennt von der Einheit? Wieweit können wir schon von dieser Dualität ablassen und uns in die Gesamtheit einbetten?

Wenn wir draußen in der Natur sind, wieweit fühlen wir uns separat von jedem Baum und jedem Busch, jeder Blume und der Wiese? Wieweit können wir uns einbetten in die Gesamtheit? Können wir erkennen, dass diese Zusammengehörigkeit unsere Liebesfähigkeit unterstützt?

Wir wollen einmal in unser Herz schauen und feststellen, wieweit wir das Dhamma, die absolute Wahrheit, den spirituellen Pfad als einen Schatz in unserem Herzen empfinden. Oder ob es außerhalb von uns steht? Wieweit sind wir schon zusammen? Nicht weil wir es wissen, sondern weil unser Herz damit angefüllt ist? Können wir den Unterschied feststellen? Können wir uns diesem Schatz in unserem Herzen hingeben? Können wir das Gefühl bekommen, dass das Ich hintenan steht und dieser Schatz vorne? Oder ist das Gegenteil der Fall?

Wir wollen untersuchen, was uns das Wichtigste ist, mit dem wir unser Herz anfüllen wollen. Wollen wir die Liebe zu diesem Schatz entwickeln? Oder ist uns die persönliche Liebe wichtiger? Und wenn wir die Liebe zu diesem Schatz entwickeln, können wir erkennen, dass dies auch unpersönliche Liebe zu den Menschen bedeutet? Angstfrei, furchtlos, hingebend?

Wir wollen noch einmal in unser Herz hineinschauen und feststellen, ob wir spüren können, wie es sich anfühlt zu lieben, ohne jede Erwartung, geliebt zu werden. Und wie fühlt es sich an, Vertrauen zu haben ohne die Erwartung, dass man uns vertraut? Und wie fühlt es sich an, sich hinzugeben ohne Erwartung, das Gleiche zurückzubekommen, ein Resultat davon zu haben? Und wie fühlt es sich an, dankbar zu sein, ohne dass uns jemand etwas geschenkt hat? Einfach dankbar zu sein für all das, was wir sowieso schon haben?

Mögen alle Menschen Vertrauen, Liebe, Hingabe und Dankbarkeit in ihren Herzen entwickeln!

5

Mystisches Erleben

Ich möchte mich als Erstes für die lieben Geburtstagskarten bedanken, die ich von vielen bekommen habe. Ich habe da erst festgestellt, dass in der Innenklappe der Autobiographie mein Geburtsdatum drinsteht. Die vielen guten Wünsche, die von allen Seiten auf mich zukommen, helfen bestimmt, neue Kraft zu schaffen in mir, um noch etwas länger lehren zu können. Denn das ist auch ein Wunsch, der zum Ausdruck gekommen ist. Die innere Kraft wird durch den äußeren Anlass angekurbelt.

Hildegard von Bingen: Selbstverantwortlich leben

Unter den vielen Geschenken war ein kleines Buch mit Auszügen von Hildegard von Bingen, die ja in den vergangenen Jahren als Kräuterheilkundige «modern» geworden ist. In Wirklichkeit war Hildegard eine der großen deutschen Mystikerinnen. Ein paar Worte von ihr sollen das bezeugen. Alles andere, was sie geschaffen hat – und sie hat enorm viel geleistet –, lässt sich davon ableiten.

Wir könnten und sollten alle Mystiker sein. Alles andere, was wir für so äußerst wichtig halten im Leben, würde sich daraus ergeben. Die Bedeutung von allem wird dadurch geändert. Hildegard von Bingen, die ja in Deutschland gelebt und gewirkt hat und deren Schriften noch vorhanden sind, hat die Pragmatik vertreten. Was ist denn Kräuterheilkunde? Es ist etwas Praktisches. Und sie hat Lieder und Gedichte geschrieben und komponiert. In all diesen Dingen hat sie unheimlich viel geleistet – auch an Menge. Auch das ist typisch für Mystiker. Die Menge der Leistung. Und wieso? Weil das Erfolgsdenken vorbei ist. Man muss nichts beweisen. Es wird einfach gemacht.

Hildegard sagt, sie versteht die Welt als eine zusammenhängende Einheit. Alles hängt mit allem zusammen. Nichts darf isoliert betrachtet werden. Jedes Geschöpf ist mit einem anderen verbunden. Und jedes Wesen wird von einem anderen gehalten. Ein Mystiker sieht die Einheit. Nicht nur die Gegenüberstellung, nicht nur die Dualität, nicht: «Das ist jenes und das ist das.» Und auch nicht einmal: «Das ist jenes und das ist das, und beides ist gut»; sondern es ist die Einheit. Und dann sagt sie noch etwas, was ich auch öfters zur Sprache bringe oder bringen möchte: Der Mensch ist zu Großem berufen, aber auch zu einer entsprechend großen Verantwortung, dafür bereit zu sein.

Selbstverantwortung übernehmen. Keiner antwortet einem, wieso habe ich Emotionen? Keiner antwortet, wieso liebt man mich nicht? Lieben, Erkennen, Wissen, es hängt von mir selber ab. Wir haben unendliches Potential. Und diese Verantwortung dafür zu übernehmen, das alleine schon bedeutet Bereitschaft, Hingabe. Die Bereitschaft, nicht mehr mittelmäßig zu sein.

Die meisten Menschen kommen nicht auf so eine Idee. Die glauben, wenn sie irgendwas gelernt haben und dann damit Geld verdienen, dann sind sie schon nicht mehr mittelmäßig. Doch Mittelmäßigkeit bedeutet, sich mit dem zufrieden zu geben, so wie es ist. In einem selber, nicht da draußen. Es bedeutet außerdem: Keine Verantwortung übernehmen. Jemand anders soll es machen. Es könnte sogar sein, jemand anders ist schuld. Aber auf jeden Fall muss irgendeiner da sein. In Wirklichkeit ist überhaupt keiner da. Weil in Wirklichkeit alles eins ist.

Das Potential der Mystik bedeutet, dass wir uns auf den Weg begeben, in uns etwas zu finden, was leuchtet, was Reinheit, Läuterung, Klarheit bedeutet. Jeder muss die alltäglichen Dinge tun. Es ist nicht, was man tut, sondern wie man es tut. Wer kennt den Satz nicht? Jeder kennt ihn. Und wer erinnert sich daran? Wahrscheinlich keiner. Das ist nämlich das Lustige bei der ganzen Sache: Alle wissen alles, und keiner tut es. So sieht es nämlich aus. In der ganzen Welt, nicht nur hier bei uns, überall. Was ist denn bloß los mit der ganzen Menschheit?

Das Paradies in uns

Man hat das ja ein paar Jahrhunderte lang zurückgewiesen, dass das ja davon kommt, dass man aus dem Paradies ausgewiesen wurde. Natürlich kommt es daher. Aber wer hat uns denn ausgewiesen? Die Schlange? Oder der Apfel mit dem Wurm drin? Wir haben uns selber ausgewiesen. Das haben wir alle selber gemacht. Das können wir großartig. Das machen wir tagtäglich. Hat das schon einer gemerkt, dass er sich immer wieder selber aus dem Paradies ausweist, jeden Tag? Von morgens bis abends, wenn er wieder ins Bett geht, sich hinlegt und sagt: «Gott sei Dank, endlich Ruhe!» Dabei hätte er ruhig die ganze Zeit im Paradies leben können. Aber er kommt gar nicht auf die Idee. Dazu sind natürlich die großen Religionslehrer da, um einen auf die Idee zu bringen. Und dazu machen wir Meditationskurse. Und was ist dann? Die Idee ist großartig. Das wird doch jeder zugeben. Eine bessere Idee gibt es doch kaum. Und was passiert dann zu Hause? Lieber nicht fragen. Von Paradies kann ja gar nicht die Rede sein.

Und dabei haben wir es in uns. Wir haben das Potential dazu. Wenn wir es nicht hätten, würde das Wort gar nicht existieren. Wir wären überhaupt nicht darauf gekommen, uns je damit zu beschäftigen, wieso wir nicht darin sind. Also es muss ja irgendetwas geben, wie man nun doch da wieder rein kann. Alle großen Religionsstifter haben darauf hingewiesen. Dass ihre Worte vollkommen falsch interpretiert und auf der Basis der relativen Ebene benutzt werden, ist eine zweite Sache. In Wirklichkeit haben sie alle dahin gewiesen, dass wir einen Weg gehen können, der uns dorthin führt, wo wir eigentlich so gerne sein möchten.

Ich habe bereits davon gesprochen, was wir tun können, um in der Meditation einen besseren Zugang zu bekommen. Aber dazu gehört natürlich, dass man es machen muss. Jetzt kommt wieder mal die Schwierigkeit: «Ich kann nicht.» Also z. B. die Hingabe. «Ich kann nicht.» Da muss man untersuchen: Wieso kann ich denn nicht? Dann kommt dazu die Untersuchung – das sind alles Kontemplationen –: «Möchte ich eigentlich?» Da geht es los. Da sagt der Intellekt: «Natürlich möchte ich. Großartige Sache. Wer will nicht im Paradies leben? Herrlich.» Und was sagt das Gefühl? «Ich habe doch so viele andere Sachen zu erledigen!» Und dann ist die nächste Frage: «Ich habe doch schon so viel erledigt. Und bin ich jetzt glücklich?» Und da hapert es dann wieder.

So entsteht keine einheitliche Hingabe, sondern eine dualistische Denkweise: «Wenn ich das könnte, würde ich …» Oder: «Wenn ich jetzt das machen werde, was Neues, mehr Geld, mehr Anerkennung, weniger Arbeit, dann kriege ich es!» Wir haben einen sehr phantasievollen Geist, können uns andauernd was Neues ausdenken. Dieser phantasievolle Geist sollte mal zu etwas verwendet werden, was uns wirklich helfen kann. Wir sollten uns einmal vorstellen, wie es sein könnte, wenn wir das Denken ganz sein lassen beim Meditieren und in die Ruhe, die dadurch kommt, eintauchen. Sich mal vorstellen, wie das wäre. So viel Phantasie hat doch jeder.

Ein Plan zur Meditation

Ich vergleiche das immer mit einem Hausbau. Wenn ich mir nicht vorstellen kann, wie das Haus gebaut werden soll, wie kann ich es dann bauen? Wenn ich plötzlich mal eine Treppe hinbaue, dann ein Fenster, eine Tür. Na, das wird doch kein Haus! Ich muss doch erst mal die Vorstellung des ganzen Hauses haben. Und dann kann ich, wenn ich die Vorstellung habe, entweder auf dem Papier oder im Geist, dieses Haus Schritt für Schritt so bauen, dass es wirklich ein Haus wird. Das kann man bei der Meditation genauso anwenden. Ja, man muss es für alles anwenden, was man macht.

Man könnte sich auch mal vorstellen, dass man den ganzen Tag nur positive, liebevolle Gedanken hat. Nur vorstellen! Ich rede nicht davon, dass man es kann. Und wenn man sich vorgestellt hat, wie schön das wäre, dann hat man vielleicht den Ansporn, das mal zu probieren. Klar, das muss nicht gleich klappen. Bei so einem Hausbau geht auch einiges schief. Aber wenigstens weiß man, wo man damit hin will.

Für ein spirituelles Leben wird ein Plan gebraucht. Doch dieser normale Plan, den jeder hat – «ich möchte mein tägliches Leben verbessern» –, der genügt nicht. Das ist viel zu mittelmäßig. Ein tägliches Leben, das hat ja jeder. Und verbessern will es ja auch ein jeder. Gehaltserhöhung, Ferien etc. Das genügt nicht, um unser Potential zu verwirklichen.

Ein Plan für ein spirituelles Leben bedeutet: Wie kann ich mich dem nähern, was der Buddha gelehrt hat? Wie kann ich das in mir selbst verinnerlichen, verwirklichen? Und was bedeutet das, diese Verwirklichung? Diese Vorstellung, wie das zu machen ist, ist ein bedeutender Schritt.

Noch ein Beispiel: Wenn sich jemand frühmorgens an seinen Schreibtisch setzt und mit den chaotischen Papieren, die da herumliegen, immer nur hin und her schmeißt, wird da was daraus? Da kann doch nichts draus werden. Da muss man sich doch irgendeinen Plan machen. «Jetzt mache ich das Papier mal zu Ende. Und wenn ich das fertig habe, erledige ich das nächste. Und dann werde ich sehen, ob ich Zeit habe für das dritte.»

Und mit der Meditation geht das so einfach planlos? Hinsetzen, und dann wird schon was werden? Ganz sicher nicht – selbst mit allen Hinweisen, die ich gegeben habe. Das genügt auch noch nicht. Man muss es sich vorstellen können.

Manche Menschen sind sehr visuell veranlagt, die können sich Bilder vorstellen. Bilder sind natürlich auch diskursiv. Aber sie können hilfreich sein. Ein hilfreiches Bild, um Ruhe zu erleben in der Meditation: Ich tauche in einen wellenlosen Ozean ein und lasse mich von ihm tragen. Das ist nur ein Vorschlag. Es gibt hundert verschiedene. Oder: Ich lege mich auf eine wunderschöne weiße Wolke, wo es nichts zu sehen, nichts zu hören gibt, sondern ich nur getragen werde von dieser weißen Wolke.

Das sind alles Vorstellungen, aber es gibt dem Geist wenigstens mal eine Idee, wo er eigentlich hin will. Er will zur Ruhe. Wenn der Geist nämlich die ganze Zeit beim Denken ist und sich dann immer wieder erzählt: «Ich will nicht denken, ich will nicht denken, ich will nicht denken.» Das geht doch wohl nicht. «Ich will nicht denken» ist auch Denken. Mal was Neues probieren. Sich mal vorstellen, wie es sein könnte, wenn Ruhe herrscht.

Die feinstofflichen Vertiefungen

Um den Weg zu gehen, der von der relativen Wahrheit über die Meditation zur absoluten Wahrheit führt und das Dukkha ausmerzt, gab der Buddha seine Anweisungen: die meditativen Vertiefungen. Meditative Vertiefung, auf Pali jhana, bedeutet nichts weiter, als dass der Geist endlich mal aufhört, sich selber etwas vorzumachen. Er hört auf, Geschichten zu erzählen. Da wir uns diese gleichen Geschichten bereits jahrzehntelang erzählen und sie alle auswendig können, wäre es doch bestimmt von Interesse, mal aufzuhören damit, kurzfristig. Hat jemand einmal bei den Geschichten, die der Geist erzählt, aufgepasst, was da eigentlich los ist? Ist das interessant? Kommt dabei irgendetwas heraus, das die Wahrheit betrifft?

Also mal ganz was anderes probieren: sich einen Plan machen und sich vorstellen, wie es ist, wenn Ruhe herrscht. Über den Weg der Vertiefungen, den Weg der jhanas, führt es zur absoluten Wahrheit. Es führt dazu, wie der Buddha sagt, die Dinge so zu erkennen, wie sie wirklich sind. Wir haben alle eine Idee, wie sie sind. Und diese Idee ist auf einer falschen Vorstellung von unserem Ego aufgebaut. Natürlich werden wir das nicht sofort los, das ist klar. Aber deswegen müssen wir die meditativen Vertiefungen machen. Da gibt es gar kein: «Ich hätte es zwar gerne, aber ich kriege es nicht hin», sondern: «Das muss ich üben.» Wie übe ich eigentlich? Bewusst? Mit Elan und Kraft? Oder so ein bisschen?

Wenn wir konzentriert genug üben, um beim Atem zu bleiben, erleben wir die erste Vertiefung, das entzückende Empfinden, und können daraus Schlüsse ziehen und lernen. Alle Schritte, die wir in den Vertiefungen machen, werden immer subtiler, weil der Geist sukzessive feinstofflicher wird.

Nun ist der Geist sowieso nicht etwas, was wir anpacken können. Aber wenn er sich um Dinge dreht, die greifbar sind – was ich gerne hätte oder was ich nicht gerne hätte –, dann bewegt er sich auf der stofflichen Ebene. Auf der feinstofflichen Ebene befasst er sich mit allgemein gültigen und allgemein beglückenden Dingen.

Auch der Körper hat eine feinstoffliche Ebene, was wir leider in unserer Schulmedizin nicht in Betracht ziehen und daher einen großen Mangel haben. Die feinstoffliche Ebene des Geistes ist aber die wichtigste. So heißen die ersten vier Vertiefungen «Die Feinstofflichen» – auf Pali die rupa jhanas. Weil der Geist immer feiner und feiner wird und sich nicht mehr damit abgibt, was wir auf dieser körperlichen Ebene hier – mit der wir natürlich auch ins Reine kommen müssen – erleben.

Wenn wir uns meditativ und kontemplativ mit den feinstofflichen Dingen beschäftigen, die universelle Gültigkeit haben, dann wird alles andere, was auf der grobstofflichen Ebene geschieht, viel einfacher. Es wird selbstverständlich. Es fließt. Weil es nicht mehr das ist, was uns ständig beschäftigt. Wir haben etwas anderes und können daher die alltäglichen Dinge nebenbei tun.

Das ganz Andere ahnen

Das ist wie bei einem Kind, das Bauklötze aufbaut, darin vollkommen gefangen ist und anfängt zu brüllen, wenn man unabsichtlich dagegen stößt und alle Bauklötze umfallen. Das Kind ist ganz außer sich. Denn in dem Moment hat es nichts anderes im Sinn als diese Bauklötze. Aber wenn es sich, größer geworden, mit etwas anderem beschäftigt und nebenbei auch noch ein paar Bauklötze aufbaut und die kippen um, und es hat inzwischen auch ein hochinteressantes Buch vor sich, dann ist das kein Grund mehr, sich furchtbar aufzuregen. Dann sind sie eben umgekippt. Dann wird das nochmals hingestellt.

Und so ist es bei uns auch. Je mehr wir uns im Innern von der Wichtigkeit dieses täglichen Ablaufs entfernen und das nicht mehr als das Einzige sehen, was es gibt, desto leichter können wir mit alledem, was da geschieht, umgehen. Und desto weniger Fehler unterlaufen uns auch. Es ist alles viel einfacher, weil wir eine andere Wahrheit sehen.

Das Alltägliche existiert, natürlich, es ist da. Aber es ist nicht das, woraus die Welt besteht. Denn können wir das Universum anpacken? Nein. Das Universum ist auch feinstofflich. Alles, was wirklich – in der Wirklichkeit – existiert, ist auf der feinstofflichen Ebene.

Und was brauchen wir, um dahin zu kommen? Einen Geist, der aufhört, sich mit Dingen zu beschäftigen. Ob das ein Mensch ist, Geld oder ein Gegenstand, das ist ganz egal. Das ist alles materiell. Damit mal aufhören, kurzfristig nur. Und zwischendurch sehen, ob es nicht noch eine andere Welt gibt. Es kann doch nicht sein, dass die Welt da zu Ende ist, wo man selbst und höchstens noch die eigene Familie zu packen ist. Diese Begrenzung führt zu unendlichen Argumentationen und vielen Feindseligkeiten. Denn das ist ein stofflicher Bereich, den natürlich jeder etwas anders sieht. Da gibt es keine absolute Wahrheit. Das, was der eine für wichtig hält in dem ganz engen Bereich, sagen wir mal, dem Haus, denkt der andere, ist überhaupt ganz unwichtig, ist doch gar kein Thema. Schon hat man Streit.

Ist das eine Art und Weise zu leben? Wo es doch etwas Anderes gibt. Es gibt ganz etwas Anderes! Und wir brauchen uns nur mal hinzusetzen und all das loszulassen, womit wir uns die ganze Zeit beschäftigen, und schon haben wir es. Es ist schon da. Weil es die ganze Zeit existiert. Alles vorhanden. Wir müssen nur loslassen.

Blockaden

Doch da gibt es Blockaden, immer wieder dieselben.

Die eine Blockade ist: «Die anderen können es. Ich kann es nicht. Der hinter mir macht bestimmt schon die dritte Vertiefung, der sitzt so schön ruhig. Ich komme nicht hin.» Also da würde ich mich überhaupt nicht darum kümmern, was der hinter oder vor mir macht. Das ist ganz egal. Vielleicht macht er schon die «achte»? Wunderbar. Oder er überlegt sich gerade, ob er nicht nach Hause fahren soll. Es ist wirklich egal. Das kümmert keinen. Doch es ist leider eine recht massive Blockade. Ein Ego-trip.

Da gibt es zwei Egotrips, die beide gleich schädlich sind. Alle Egotrips sind schädlich, aber die beiden ganz besonders. Der eine ist: «Ich kann es mindestens so gut wie der Lehrer, na eigentlich besser.» Und der zweite ist: «Ich kann es überhaupt nicht.» Beides sind unmögliche Egotrips. Hat sich das Universum je dafür interessiert, ob man es gar nicht kann, oder ob man es besser kann? Immer gucken: Kann das Universum damit etwas anfangen? Die Antwort ist natürlich Nein. Also?

Eine andere, auch massive Blockade ist: «Ich spüre nichts!» Das betrifft Menschen, die sich vor ihren eigenen und den Emotionen anderer geschützt, einen gewissen Panzer um sich herum gemacht haben, der auf Gleichgültigkeit beruht. Na, da muss man anfangen, sich mit seinem Innenleben zu beschäftigen. Welcher Teil des Innenlebens ist die Hölle? Und welcher der Himmel? Und die Hölle immer wieder fallen lassen und mit dem Himmel ersetzen. Immer wieder, immer wieder. Wer also mit der Schwierigkeit zu kämpfen hat, seine eigenen Emotionen zu erkennen, muss erst mal bemerken, dass er welche hat, und dann, was mit denen los ist, und sich darauf konzentrieren.

Jeder muss das tun, was am hilfreichsten ist. Es hat keinen Sinn zu sagen: «Aha, jetzt muss ich die Vertiefungen machen», wenn man gar nichts spürt. Sich zu konzentrieren ist nicht so eine Riesensache. Doch etwas zu spüren ist für manche Menschen sehr schwierig. Natürlich ist die

«Im Ganzen»-Meditation dafür geeignet, aber auch das ist nicht jedem gegeben. Schwierigkeiten, mit denen man fertig werden muss. Muss? Kann. Wenn man will.

Und das ist noch so ein Punkt. Wenn ich sage: «Ich kann nicht», dann bedeutet das immer: «Ich will nicht.» Immer! Es gibt nichts, was wir nicht können. Wir sind spirituelle Wesen. Auf der körperlichen Ebene gibt es vieles, was wir nicht können, das ist klar. Doch wir sind spirituelle Wesen und wir können erleuchtet werden. Wir können das Höchste erreichen: reinste Lauterkeit.

Wie die Vertiefungen zusammenhängen

Wenn wir den Weg der Vertiefungen gehen und dadurch eine neue Sicht für das Universum und uns selbst bekommen, bedeutet das niemals, dass andere Menschen uns gleichgültig werden. Es bedeutet, dass wir ihnen unsere Liebe schenken, ohne emotional reagieren zu müssen. Ganz einfach Liebe verschenken. Auf einer Basis, die Ruhe und Frieden bringt.

Bei den Vertiefungen ist es so, dass eine die Ursache der nächsten ist. Sie sind also bedingt. Die absolute Wahrheit ist bedingungslos. Da sind wir noch nicht angelangt. Doch die Vertiefungen sind der Auftakt dazu.

Die erste Vertiefung ist die Wirkung der Konzentration. Ganz einfach, nicht? Wir haben uns konzentriert und gelangen nach innen. Diese entzückende Empfindung löst *Freude* aus. Was soll sie sonst tun? Man kann nicht Entzücken empfinden, ohne Freude zu verspüren. Beides kommt gleichzeitig hoch. Wenn wir die Freude in der zweiten Vertiefung als Meditationsobjekt benutzen wollen, lassen wir das entzückende Empfinden, das grobstofflicher ist als die Freude, in den Hintergrund treten.

Manchen Menschen hilft dabei der planmäßige Weg.

Sie sagen ganz leise zu sich selber: «Freude.» Oder aber, wenn sie gute Vorstellungskraft haben, stellen sie sich vor, wie es ist. Und es ist. Wir stellen uns ja so vieles vor: Da fährt uns auf der Autobahn jemand vor das Auto. Was passiert? Man schimpft den furchtbar aus. Man hat sich sofort vorgestellt, dass dieser Mensch, der das gemacht hat, ein Ekel ist. War ganz einfach. Es hat noch nicht mal eine Sekunde gedauert, da hat er es schon weggehabt. Wieso können wir uns nicht vorstellen, wie es ist, Freude zu haben? Eine Sekunde, und schon haben wir es. Ganz einfach.

Sich auf Freude umstellen

Wollen wir uns weiter über die Leute ärgern, die uns in diesem Leben nicht das gegeben haben, was wir von ihnen wollten? Oder wollen wir ihnen alles Gute wünschen und sie verabschieden? Das ist doch ebenso einfach. Dauert auch nur eine Sekunde. Das kann man alles in einer Sekunde loslassen und genau das Gegenteil machen.

Ich sagte bereits: Freude ist eine notwendige Vorbedingung für die Meditation. Einige sind vielleicht schon darauf gekommen, dass man meditieren *darf*. Nicht muss. Ich habe mich heute morgen sehr gefreut, dass ich hierher kommen und euch etwas erzählen darf. Und diese Glocke von der Kirche, ich hör die um fünf Uhr. Der Gedanke ist dann: «Ach wie schön, ich darf heute wieder meditieren.» Und nicht: «Ach du meine Güte, ist das ein Wetter. Ist es schon wieder so weit?»

Man kann seine Einstellung in einer Millisekunde ändern. Und dann hat man es. Wenn man es immer wieder macht, dann ist es immer wieder da. Da braucht man nichts zu suchen. Da ist nichts zu suchen. Der Pfad ist ganz klar. Wir suchen uns nur immer den falschen Weg aus. Ich weiß ehrlich gesagt gar nicht, wieso. Ist es denn so viel einfacher zu glauben, dass jemand ein Ekel ist, als zu glauben, dass er eine reizende Person ist? Ich sehe keinen Unterschied. Aber es scheint doch irgendwie so zu sein, dass das Negative einfacher ist. Es wird doch viel mehr benutzt. Wenn einer positiv denkt, wird das extra erwähnt, was das für ein fabelhafter Mensch ist.

Die Schwierigkeit liegt jedenfalls nicht darin, dass das alles so schwer ist, sondern darin, dass wir es nicht tun. Das ist der einzige Grund dafür. Also, wir wollen uns vorstellen, dass wir hier jetzt meditieren dürfen, und uns daher freuen. Dann haben wir schon mal die Vorbedingung für die Vertiefung. Die Freude, die dann in der zweiten Vertiefung hochkommt, ist meditative Freude. Sie kommt aus dem Inneren. Viele berichten, dass sie dabei ein Gefühl der liebenden Güte für Menschen haben, und dass das dann so zusammenarbeitet. Das stimmt vollkommen. Daher ist die Liebende-Güte-Meditation ein guter Zugang zu den Vertiefungen. Man kann sich gerne hinsetzen und, statt den Atem zu betrachten, eine Liebende-Güte-Meditation machen.

Von der Freude zum Frieden

Die meditative Freude ist die Ursache für Zufriedenheit. Sie führt «zum Frieden». Die dritte Vertiefung bringt eine Vertiefung der Ruhe. Die ersten beiden, die entzückende Empfindung und die Freude, sind noch etwas erregend, wogegen dann der Geist, nachdem er sich gefreut hat, in einen tiefen Zustand der Zufriedenheit verfällt. Und da sind jetzt sehr deutliche Einsichtsmomente möglich.

Ich sagte bereits, dass man nach den Vertiefungen drei Schritte macht: «Wie bin ich hingekommen?» War ich mal achtsam außerhalb der Meditation? Habe ich mich hingegeben? Was habe ich getan? Der zweite: «Auch das ist vergänglich.» Und der dritte Schritt: «Was habe ich gelernt?» Bei allen gibt es etwas Spezielles zu lernen. Die wirkliche Lernsituation ist allerdings, dass man es selber merken muss. Was ich sage, sind die Hinweise. Wir nennen die Worte die Finger, die zum Mond zeigen. Sie sind niemals der Mond. Der muss selbst erlebt sein. Aber mit den Hinweisen ist es vielleicht etwas einfacher. Und wenn andere Einsichten kommen, so ist das sehr schön. Diese, die ich erwähne, sind sozusagen die bodenständigsten.

Einsichten

Bei der ersten Vertiefung ist die Einsicht, dass wir dieses Empfinden, das Entzücken immer in uns haben. Wir müssen nur alles andere loslassen. Und – ganz wichtig – es ist nicht abhängig von Sinneskontakten. Sonst sind wir ständig abhängig von Sinneskontakten. Sehen, Hören, Riechen, Schmecken, Berühren und Denken. Die ganze Welt lebt mit diesen sechs Sinneskontakten. Wir haben also erkannt, dass dieses Empfinden, das da hochkommt, auf keinem Sinneskontakt beruht. Es beruht nur auf der Konzentration. Und natürlich ist das beglückend. Daher die Freude.

Die Freude kann stark, mittelmäßig oder schwach erscheinen, das ist nicht bei jeder Meditation gleich. Das hängt auch davon ab, wie geübt man schon damit ist. Die Freude wird allmählich mehr gleichmäßig. Doch auch sie ist, wie das Entzücken, unabhängig von äußeren Umständen in uns entstanden. Keiner hat uns irgendwas geschenkt. Wir können also daraus entnehmen, dass wir in Wirklichkeit ein freudiges Wesen sind. Die meiste Zeit sind wir genau das Gegenteil. Aber in Wirklichkeit lernen wir durch diesen Aspekt der inneren Freude, dass wir ein freudiges Wesen sind – so wie wir auch dieses entzückende Empfinden immer in uns haben.

Und wenn wir das einmal erkannt haben, können wir es auch verwirklichen, wenn vielleicht auch nicht die ganze Zeit. Doch es ist uns klar durch eigenes Erleben, dass alles andere ein Fehlgedanke und eine verfehlte Emotion ist. Und sollten wir wirklich einmal ein freudiges Wesen werden, verbreiten wir viel Freude um uns.

Die meisten Menschen sind gerne bereit, anderen Leuten zu helfen. Und wie? Wie kann man anderen Menschen mehr helfen, als Freude um sich zu verbreiten? Selbstverständlich brauchen viele Menschen materielle Hilfe. Das ist klar. Aber auf der spirituellen Ebene ist unsere Freude die größte Hilfe, die wir ihnen angedeihen lassen können.

Wir meditieren also für alle mit. Was aus uns herausstrahlt, das ist für jeden zugänglich. Und je stärker es strahlt, desto mehr Menschen haben da Zugang. Das ist die Verantwortung, die wir übernehmen müssen und von der auch Hildegard von Bingen schreibt. Wir haben Verantwortung nicht nur uns selbst gegenüber – die meisten Menschen übernehmen nicht mal die –, sondern allen Menschen gegenüber.

Verantwortung sich selbst gegenüber zu übernehmen bedeutet, dass wir ständig dabei sind, den Läuterungsprozess in uns zu vervollkommnen, ohne auf andere zu warten, die irgendetwas tun sollen, oder emotional auf sie zu reagieren. Aber die Verantwortung, die wir haben, ist nicht für uns allein. Die ist für alle mit. Im universellen Bewusstsein ist alles vorhanden. Jeder hat Zugang zu dem, was er in sich selbst schon verwirklicht hat. Hölle oder Himmel.

Die Lehre des Buddha ist so einfach, dass ich mich immer wieder wundere, wieso man nicht selber darauf kommt. Es ist zu einfach. Darum kommt keiner drauf. Wir haben so ein kompliziertes Gedankensystem, mit dem wir die kompliziertesten Dinge erfunden haben. Man muss das Leben immer komplizierter machen, so dass wir die einfachen Dinge gar nicht mehr klar erkennen können. Viel zu einfach. Aber wenn wir mal darauf aufmerksam gemacht werden, dann ist es schon klar erkennbar.

Also wir lernen, dass wir an sich ein freudiges Wesen sind, und dass wir überhaupt nicht zu warten brauchen, dass irgendetwas geschieht, damit wir Freude haben. Die haben wir in uns. Wir müssen nur alles andere loslassen. Und dann lernen wir, dass dadurch eine tiefe Zufriedenheit kommt. Und diese tiefe Zufriedenheit, die einen Schritt tiefer geht als die ersten beiden Vertiefungen, ist schon eine wirkliche Vertiefung. Aus der lernen wir etwas ganz Wichtiges: dass wir nur zufrieden sein können, wenn wir wunschlos sind. Und damit haben manche Menschen unheimliche Schwierigkeiten und manche nicht so sehr.

Ohne Wünsche sein

Manche Menschen haben jeden Tag, ich möchte sagen, jede Stunde einen neuen Wunsch. «Ach wäre doch der jetzt hier, könnte ich doch dem das erzählen, ach könnte ich doch jetzt das machen, könnte ich doch woanders sein!» So halten wir ja unsere Wirtschaft aufrecht mit den ganzen Wünschen. Das hat ja auch was für sich, aber recht wenig. Wenn wir nicht so viele Wünsche hätten, wären die Kaufhäuser leer. Manche Sachen muss man kaufen, Esswaren zum Beispiel. Aber das war es schon. Das bedeutet nicht, dass wir unbedingt nichts haben können. Es bedeutet nur, dass wir uns nicht ständig mit Wünschen herumplagen sollen. Es ist eine Plage, denn jeder Wunsch, den wir haben, bedeutet, dass uns etwas mangelt.

In der ersten und zweiten Vertiefung haben wir das

erlebt, was wir uns von Herzen gewünscht haben. Wir haben endlich mal inneren Frieden durch die Freude bekommen. Und so ist die dritte Vertiefung ohne Wünsche möglich. Wer erkennt, dass hier eine Zufriedenheit entstanden ist, die auf einer wunschlosen Ebene basiert, der kann seine emotionalen Reaktionen im täglichen Leben viel besser aufgeben. Denn unsere emotionalen Reaktionen sind ja Begierden. Lauter Wünsche, die alle zur Unzufriedenheit und Unruhe führen. Erste Edle Wahrheit: Alles voll mit Dukkha. Wieso? Weil wir andauernd Begierden haben.

Doch es geht auch ohne. Die dritte Vertiefung ist der Beweis dafür. Der wunschlose Zugang ist eines der drei Tore zur Erleuchtung. Der Weg zum Ende von Dukkha geht über die Vertiefungen, weil sie uns zeigen, wie es wäre, wenn … Hier erfahren wir – wenn vielleicht auch nur vorübergehend –, was es bedeutet, wunschlos zu sein. Es ist, als würde ein Eisenpanzer oder ein Hundertfünfzigpfundrucksack von einem abfallen. Bei allen Vertiefungen entsteht ein Gefühl der Leichtigkeit, das Gefühl, sich auf einer Ebene zu befinden, wo alles stimmt. Verglichen mit der Ebene, auf der wir leben, wo nichts stimmt. Wo wir ständig beschäftigt sind, irgendwas stimmend zu machen.

Das bedeutet nun nicht, dass man den ganzen Tag in den Vertiefungen sitzt. Erstens mal macht das keiner. Und zweitens ist das auch gar nicht nutzbringend. Denn die Vertiefungen sind vor allem für zwei Dinge gut: um Einsicht zu gewinnen und um als Musterbeispiel zu dienen, wie es sein könnte. Sie sind nicht dazu da, um sich aus der relativen Ebene zu entfernen. Das ist auch gar nicht möglich. Solange wir einen Körper haben, sind wir da.

Doch wir können verstehen, dass das alles hier relativ ist: die Kulisse eines Theaterstücks, in dem jeder von uns der Hauptdarsteller und der Regisseur ist. Unsere Inszenierung ist im Allgemeinen ein furchtbares Durcheinander. Und alle, die da noch herumlaufen, das sind die Statisten, die nicht so wichtig sind. Dass die wiederum in ihrem eigenen Theater die Hauptdarsteller sind, das vergessen wir dabei.

Der Buddha hat gesagt: Die menschliche ist die beste Ebene, um zur Erleuchtung zu gelangen, obwohl es die fünfte von unten ist. Es gibt im Ganzen 31 Ebenen. Also kann man nicht allzu viel erwarten von der fünften von unten. Aber es ist die beste Ebene zur Erleuchtung, weil wir genug Dukkha haben, um uns wenigstens mal in einen Meditationskurs zu setzen – das hat er nicht gesagt, das sage ich; wir haben genug Dukkha, um uns damit auseinander zu setzen. Aber wir haben auch genug Annehmlichkeiten durch unsere Sinne, um uns von diesem Dukkha nicht vollkommen kleinkriegen zu lassen. Obwohl dies natürlich auch manchen Menschen gelingt, die dann vollkommen depressiv werden. Das gibt es auch. Aber das ist ja nicht die Norm.

Die Norm ist, dass wir Dukkha haben und auf irgendeine Art und Weise versuchen herauszukommen, bis uns endlich mal die Schuppen von den Augen fallen und wir erkennen, wie man wirklich rauskommt. Wir müssen trotzdem auf dieser Ebene weiterleben. Und das ist auch richtig so. Aber wir wissen ganz genau: Der Horizont ist woanders, und die Perspektive sieht ganz anders aus. Man nimmt dieses Theaterstück nicht mehr so wichtig. Man kann sich in die Statisten einreihen und sich freuen, dass ein paar von ihnen vielleicht praktizieren. Das Theaterstück läuft dann viel besser, weil das Erfolgs- und das

Resultatdenken aufgegeben ist. Es muss kein großer Erfolg werden. Es ist einfach. Und vor allem: Es gibt etwas ganz anderes. Und das trage ich in mir. Dafür sind die Vertiefungen da.

KONTEMPLATION V:

Über die Freude

Zu Beginn wollen wir die Achtsamkeit für ein paar Momente auf den Atem lenken.

Wir wollen in uns selbst hineinschauen, in unser Herz, in unseren Geist, in unser Gemüt. Und feststellen, ob wir uns oft oder selten freuen. Und wenn wir Freude erleben, wodurch? Sind es Sinneskontakte oder etwas anderes?

Wenn wir selten Freude erleben, sollten wir einmal untersuchen, was uns davon abhält. Und ob wir das, was uns davon abhält, für gerechtfertigt halten?

Und wir sollten jetzt einmal untersuchen, ob wir andere dafür verantwortlich machen, wenn wir keine Freude in uns haben.

Und wir wollen uns einmal versuchen zu erinnern, was die größte und bedeutsamste Freude in unserem Leben gewesen ist. Und ob es mit Haben oder Bekommen zu tun hatte oder mit Verschenken?

Wir wollen einmal untersuchen, was uns im Allgemeinen im täglichen Leben Freude bereitet und wie dankbar wir sind für diese Freude. Oder ob wir sie als uns gehörend, uns zukommend sehen.

Haben wir schon einmal statt der Freude durch Sinneskontakte die Freude der Entsagung erlebt? Können wir uns darunter etwas vorstellen? Kennen wir es?

Wir wollen einmal untersuchen, ob es uns klar ist, dass wir nur Freude verschenken können, wenn wir sie in uns haben. Wollen wir das? Wollen wir mit unseren Mitmenschen freudig leben?

Wie sieht es aus mit dem Leben, das wir mit uns selbst führen? Wollen wir freudig mit uns selbst leben? Können wir es? Oder sind wir auf äußere Umstände angewiesen, abhängig von ihnen? Von welchem äußeren Umstand sind wir am meisten abhängig für unser Glück? Wie zeigt sich das in unseren Gefühlen, diese Abhängigkeit?

Wir wollen jetzt untersuchen, ob wir gerne Glück und Freude haben wollen, unabhängig von äußeren Umständen. Und ob wir wissen, was dazugehört.

Erkennen wir unsere Verantwortung der Umwelt gegenüber, Freude in die Welt zu setzen? Oder sind wir einzig und allein mit unseren eigenen Gemütsstimmungen beschäftigt?

Wir wollen einmal nachschauen, wie oft es uns im Allgemeinen gelingt, in einem Tagesablauf anderen Menschen Freude zu schenken. Wir wollen auch das Gegenteil untersuchen: Wie oft in einem Tagesablauf wir wissentlich oder unwissentlich Missgunst erregen, keine Freude um uns herum zur Entfaltung bringen.

Wir wollen einmal untersuchen, ob wir schon die karmischen Resultate von Freude und Glück in Herz und Geist erlebt haben. Ob es uns bewusst ist, was diese karmischen Resultate sind, die wir empfinden.

Wir wollen einmal untersuchen, wie oft es uns schon gelungen ist, Mitfreude mit anderen Menschen zu haben, die nicht direkt zu einem selbst gehören. Auch untersuchen, wie oft Neid hochkommt oder hochgekommen ist. Oder ob wir liebenswürdige Heuchelei benutzen. Können wir erkennen, wie wichtig Mitfreude ist? Wie sie Harmonie und Balance in die Welt bringt?

Können wir uns eine Vorstellung machen, wie wir Mitfreude mit anderen üben können? Können wir erkennen, was das bedeuten würde? Dass wir, wenn wir Mitfreude üben, nicht neben- oder gegeneinander, sondern miteinander leben?

Können wir uns über den spirituellen Pfad, den wir eingeschlagen haben, freuen? Können wir spüren, wie uns diese Freude beschwingt? Und können wir spüren, dass diese Beschwingtheit im Inneren viele Bürden von unseren Schultern abgleiten lässt?

Können wir spüren, dass die freudige Beschwingtheit in unserem Herzen uns Energie verleiht, Stärke, innere Festigkeit? Können wir irgendetwas davon verspüren?

Und können wir verstehen, dass diese Freude am spirituellen Pfad unabhängig ist von äußeren Umständen? Dass sie nur von uns selbst abhängt und daher schon einen kleinen Teil von Freiheit bietet?

Wir wollen noch einmal in unser Herz hineinschauen und feststellen, ob wir effektiv empfinden, was es bedeutet, Freude im Herzen zu haben. Nicht ein Wort, nicht ein Verständnis, sondern Erkennen: Wie fühlt es sich an?

Mögen alle Menschen Freude und Glück in ihrem Herzen zur Blüte bringen!

6

Die formlosen Vertiefungen

Ein Mystiker lebt in Freude für das Ganze

Ich möchte noch einmal darauf zurückgreifen, was ich ganz am Anfang dieses Kurses gesagt habe. Wenn die Menschen des 21. Jahrhunderts keine Mystiker sind, dann werden sie gar nicht mehr sein. Das ist kein Wortspiel oder ein dummer Witz. Das ist die Wahrheit. Ein jeder sollte darüber nachdenken, wieso und warum. Und ich habe erklärt und möchte es noch einmal wiederholen: Ein Mystiker sieht vor allem die Einheit von allem. Er befasst sich mit dem Universellen und nicht immer mit dem Persönlichen.

Man kann zwar die Worte, die ich eben gesagt habe, intellektuell verstehen. Dazu gehört überhaupt nichts. Das kann jeder. Aber wenn man es wirklich tun, wirklich einsehen will, um was es hier geht, dann muss das gefühlt werden. Und dieses Fühlen bedeutet, dass wir wissen und spüren: Da ist etwas viel Größeres als dieses lächerlich winzige Ich.

Wenn wir also eventuell ein Verständnis dafür bekommen, dass wir irgendetwas mit uns selbst unternehmen müssen, dann tun wir das nicht nur, um unser eigenes Glück zu finden, sondern wir tun es aus dem noch viel stärkeren und wichtigeren Grund, weil diese gefährdete Spezies, zu der wir gehören, sonst überhaupt nicht überleben wird.

Ein Mensch, der die Mystik in sich verinnerlicht hat, der wird nicht mehr versuchen, sich auf Kosten anderer zu bereichern. Da könnte man auch mal darüber kontemplieren: «Was kostet das eigentlich, was ich glaube haben zu müssen? Und wo kommt denn das alles her?» Selbst wenn man dann der Einzige wäre, der sich das ernsthaft fragt. «Ja, wenn nur ich das tue, dann bin ich ja übervorteilt!» Darauf gibt es nur eine Antwort: «Na, und wenn schon. Dann bin ich eben übervorteilt.» Wenn man einmal eingesehen hat, dass diese Ichbezogenheit nicht nur ein großer Fehler ist, sondern zu den lächerlichsten Dummheiten führt, dann gibt es auch keine Übervorteilung. Wer soll denn wen übervorteilen? Ein Mystiker sieht nur das Ganze.

Etliche, die schon längere Zeit meditieren, können nicht an die Vertiefungen heran. Das ist wirklich kein Problem. Die Vertiefungen sind nur das Mittel zum Zweck. Jeder Mystiker, der je gelebt hat – und es gibt viele, viele von ihnen, in allen Religionen –, hat durch Meditation und Kontemplation eine andere Perspektive bekommen. Es geht nicht darum: «Ich kann die dritte Vertiefung. Kannst du schon die fünfte?» Es geht darum: «Wie lebe ich damit?» Wie lebe ich überhaupt, von morgens bis abends?

Ein Mystiker ist außerdem ein Mensch, dem die Freude eine Selbstverständlichkeit ist. Aber nicht die Freude, weil er was bekommt, sondern weil das eine innere Tatsache ist. Je weniger innere Freude man hat, desto weniger Freude existiert in der Welt. Und wenn man Dinge braucht, um Freude zu erzeugen – gewisse Menschen müssen da sein, oder gewisse Substanzen, was natürlich noch furchtbarer ist, dann schon lieber gewisse Menschen, oder gewisse Situationen oder gewisse Zuwendungen, dass nur dann ab und zu mal Freude sein kann –, dann hat man den Weg nicht erkannt.

Freude bedeutet nicht, dass man tanzen und singen und laut lachen muss. Im Gegenteil: Freude ist ruhig, verinnerlicht, ein Gefühl der Festigkeit. Was dagegen arbeitet, sind die emotionalen Reaktionen, die wir auf alles haben, weil das Ich im Mittelpunkt steht. Solange ich im Mittelpunkt stehe, reagiere ich. Wie sonst? Es geht ja nicht anders. Da können wir uns noch so sehr zusammennehmen, es ist nicht echt. Und jeder spürt es.

Sein wirkt

Es ist wirklich interessant, dieses Zusammenleben mit anderen Menschen, gerade beim Noblen Schweigen. Wir wirken nämlich durch unser Sein aufeinander, nicht durch unser Wissen. Da können wir so viel erzählen, wie wir wollen. Und das tun wir normalerweise ja auch. Diese Woche des Schweigens ist eine Ausnahme. Wir reden uns zwar ein, wir könnten den anderen Menschen durch unsere schönen Worte und durch unser Wissen beeindrucken. Im Allgemeinen gelingt uns das aber überhaupt nicht. Kein Mensch ist so vernebelt, dass er nicht das Sein, das innere Sein des anderen, spüren kann. Was uns gelingt, ist, dass das, was aus uns herausströmt, den anderen Menschen berührt, auf welche Art auch immer. Und nicht nur einen, sondern viele. Schon dadurch können wir feststellen, dass wir alle eins sind.

Häufig kommt dann eine Ablehnung: «Mit denen soll ich eins sein? War nun auch nicht gerade, was ich mir vorgestellt habe!» Na, so ist es aber. Und wenn wir uns wirklich einmal vor Augen führen, dass nicht viel Zeit ist, diese gefährdete Spezies, zu der wir gehören, zu retten, vielleicht ist das ein Ansporn zu praktizieren. Manche Leute brauchen den Ansporn, andere zu retten. Hauptsache, man praktiziert. Ob man nun andere oder sich retten will –

das gehört alles zusammen. Und ob das nun die erste oder die vierte Vertiefung ist, darauf kommt es überhaupt nicht an. Irgendwas muss geschehen! Und zwar: ein anderer Blickwinkel, aus dem man auf sich selber schaut. Doch das kann man nur, wenn man merkt, was man tut. Und wie merkt man es? Durch Achtsamkeit. Schwierig, schwierig! Wenn man nicht weiß, was man redet und empfindet, wie kann man achtsam sein?

Achtsam reden und schreiben

Doch da gibt es Tricks, wie man die Achtsamkeit in sich verankern kann. Zum Beispiel: Wenn man etwas an jemanden schreibt – was meist einfacher ist, als es zu sagen: schreiben und liegen lassen. Am nächsten Tag durchlesen. Wenn man nicht ganz sicher ist, wieder liegen lassen. Und mal untersuchen: Für wen schreibe ich hier? Für mich? Für einen anderen? Was rede ich mir eigentlich ein? Beim Sprechen ist es schwieriger. Geht schneller. Verlangsamen. Nicht so viel auf einmal. Ein Satz. Und dann noch mal überlegen: Was war mit dem Satz eigentlich?

Da gibt es folgende Möglichkeiten: Habe ich das, was ich gesagt habe, wirklich gemeint? Angenommen, es war ein liebevoller Satz. Habe ich es gemeint? Ja. Habe ich es auch gefühlt? Und da trennen sich meist die Wege. Wer an seine Gefühle nicht herankann, muss lernen, da heranzukommen. Manche Menschen können es, viele nicht. Die haben bisher nur mit ihrem Intellekt gearbeitet. Der Intellekt ist durchaus nützlich. Aber wenn er nicht durch das Gefühl unterstützt wird, läuft er einem davon.

Da wäre also Sprechen. Habe ich es nicht nur so gemeint, sondern habe ich es auch gefühlt? Da merkt man vielleicht: Ich habe etwas gesagt, was keine liebevolle, hilfreiche Ausstrahlung hat. Das ist nur eine Ego-Bestätigung und nicht im universalen Bewusstsein akzeptabel. Also langsam und vorsichtig beim Sprechen und Schreiben sein.

Gefühl und Verstand

Dann die Emotionen. Da muss man sich überlegen: Wieso habe ich sie? Die Antwort ist: aufgrund einer Begierde. Jede Begierde ist Dukkha. Und keine ist gerechtfertigt. Da hat man zu tun, außerhalb der Meditation. Und erst wenn man sich so weit selber erkannt, ein bisschen mehr Zugang hat zu dem, was wirklich in einem vorgeht, dann kommt vielleicht auch der ganz dringende Wunsch auf, sich mehr mit der Mystik zu beschäftigen. Die Mystik, die uns ohne Zweifel, ohne jegliches Bemühen zeigt, dass es keine Grenzen gibt. Nur grenzenlose Schöpfung.

Unsere Grenzen sind auf irgendwelchen Emotionen und falschen Ideen aufgebaut. Ein Teil der Menschen beschäftigt sich nur intellektuell und bemerkt die Emotionen überhaupt nicht. Ein anderer befasst sich nur mit den Emotionen und vergisst den Intellekt. Wir haben beides in uns. Und wenn wir das harmonisieren, dann haben wir wenigstens da schon mal eine Einheit geschaffen. Die Einheit in uns selbst.

Dann können wir versuchen, die Einheit um uns herum zu schaffen. Zunächst die Einheit mit der Natur. Die Bäume und die Büsche und die Wiesen und die Berge und die Täler und die Flüsse und die Ozeane. Die sagen keine Dummheiten. Sich mit denen einmal eins zu fühlen ist ein ganz wichtiger Anfang. Das ist der Weg der Mystik. Und wenn wir diese Einheit empfinden können, können wir auch meditieren, können wir uns auch vertiefen. Die Vertiefungen sind keine intellektuellen Erlebnisse, sondern reine Gefühle, von der ersten bis zur achten Vertiefung. Diese Gefühle zeigen uns auch, was Menschsein bedeuten kann und sollte. Es bedeutet auf keinen Fall, Geschäfte zu machen, auf der Leiter der Wichtigkeit in einer Firma emporzusteigen oder mehr Dinge zu besitzen. Was machen die meisten Menschen? Genau das. Und das soll Menschsein bedeuten? Das kann es nicht sein. Jeder weiß das.

Gott als Lebenssinn?

Die christlichen Mystiker haben Menschsein öfter mal beschrieben mit «Gott ähnlicher werden». Und Meister Eckhart hat dann gesagt: «Gott sein.» Da hätten sie ihn beinahe verbrannt. Dabei hat er genau gewusst, wovon er spricht. Ein Mystiker erlebt das. Doch bleiben wir mal bei dem Ersten. Ist vielleicht einfacher als das Zweite. Gott ähnlicher werden.

Kann das einen Lebenssinn bedeuten – Gott ähnlich zu werden? Statt sich im Alltag mit den Dingen herumzuschlagen, die nicht genau so sind, wie man sie gerne hätte. Da muss man sich überlegen: Was ist Gott? Hoffentlich keine anthropomorphe Figur! Aber wir können Gott ganz einfach verstehen als Gut. Dasselbe Wort. Das ist es.

In einem Moment, wo wir nicht anderweitig beschäftigt sind, sollten wir uns einmal auf unseren Lebenssinn konzentrieren. Selber einsehen, dann den Lebenssinn erklären und dem folgen. Die meditativen Vertiefungen sind Wegbereiter. Sie sind weder Zweck an sich noch eine Leistung, auf die man stolz sein kann.

Weisheit: Erkanntes Erleben

Der Buddha hat gesagt, man kann nach jeder Vertiefung erleuchtet werden. Ob das jetzt die Vertiefung eins, drei, sieben oder acht ist, darauf kommt es überhaupt nicht an.

Es kommt darauf an, den Lebenssinn zu erkennen. Und dadurch das dritte Hindernis, die Lässigkeit und Trägheit des Geistes, loszulassen und sich mit aller inneren Kraft, aller Energie darauf zu konzentrieren, was es bedeutet, die mystischen Zusammenhänge der Einheit, des Vollkommenseins in sich selber zu erleben.

Wir haben von den ersten drei Vertiefungen gesprochen und was man daraus lernt. Man lernt nur etwas, wenn man es gefühlt hat. Und dieses Gefühl muss erkannt sein. Zum Beispiel: Wir müssten eigentlich alle wissen, wie vergänglich wir sind. Nicht nur intellektuell: «Ja, eines Tages werde ich mal sterben, aber bitte nicht jetzt gleich.» Sondern: Jeder Atemzug ist zu Ende, und ein neuer fängt an. Wir leben durch diese Vergänglichkeit. Das ist erkanntes Erleben.

Im Prinzip sterben wir jede Sekunde, mit jedem Atemzug. Und kommen wieder zum Leben. Wenn wir diese Vergänglichkeit des Atems spüren und dann dieses Erleben der Vergänglichkeit erkennen, haben wir Weisheit: erkanntes Erleben. Und so ist es mit den Einsichten, die wir aus den Vertiefungen schöpfen.

Hat man in der dritten Vertiefung die Zufriedenheit erlebt, so ist das der Auftakt zum wirklichen Frieden. Und dieser wirkliche Frieden kommt dadurch, dass wir erstens einmal nichts mehr wollten. Wir haben nicht mehr Glück, Ruhe oder so etwas *gesucht*, sondern wir hatten es. Doch die Vertiefung, die danach kommt, ist ein vollkommenes Fallenlassen von jeglichen Emotionen und jeglichen Reaktionen. Wenn man sich also – als Vorstellungshilfe – in den Ozean hineinbegibt, der über einem zusammenschlägt, dann muss man das auch wirklich tun: Alle Emotionen und Reaktionen loslassen.

Die vierte Vertiefung: Tiefe Ruhe ohne Ich

Durch die vierte Vertiefung, wo keine Reaktion mehr hochkommt, kann man deutlich merken, dass diese tiefe Ruhe nur möglich ist, wenn sich das Ich nicht bemerkbar macht. Dazu könnte man im täglichen Leben etwas ausprobieren. Und zwar: die Ichbezogenheit mal vollkommen nach außen bringen. Was Ich alles will! Wie wichtig Ich bin! Wenn man noch sehr in sich verhaftet ist, kann man das nicht. Aber wenn man mit sich selber schon ein bisschen jonglieren kann, mal neben sich stehen und zugucken. Und mal sehen, was das für Gefühle auslöst. Grässlich!

Und dann die ganze Sache umdrehen und fragen: «Was will das Universum? Wie kann ich dem Universum behilflich sein?» Das bedeutet konkret: dem nächsten Menschen, der gerade neben mir steht, helfen. Sich mal selber etwas dazu einfallen lassen. Man kann bei der Meditation auch mit eigenen Ideen vorgehen. Das sind nicht festgefahrene Schienen, auf denen man sich bewegen muss, um die Vertiefungen eins bis acht zu erleben. Man kann ruhig mal etwas tun, um etwas anders zu spüren. Also mal im täglichen Leben herumjonglieren, wie sich das anfühlt.

Und wenn man merkt, wie angenehm das ist, wenn man das Ich nicht bestätigen will, dann hat man auch einen besseren Zugang zu einer tieferen Meditation. Denn das ist das, was in der vierten Vertiefung geschieht. Daher wird sie auch als Jungbrunnen für den Geist bezeichnet. Weil er sich mal wirklich von seinem ewigen Rumrumoren ausruhen kann, wenn auch nur kurzfristig. Er hat endlich mal Ruhe. Er will nichts. Er braucht nichts. Er macht nichts. Es ist einfach tiefe Ruhe. Doch diese tiefe Ruhe muss gefühlsmäßig da sein. Sonst ist es nicht die volle Vertiefung.

Es gehört also beides dazu: die Konzentration und die Gefühle. Und die Gefühle sind das, was uns die Einsichten bringt. Gefühle, nicht Emotionen! Emotionen sind mit Begierden gespickt. Um den Unterschied zu erkennen, sollte man mal eine Begierde loslassen und merken, was das für eine Erleichterung ist. Eine nur. Eine von fünfzig oder so. Und man braucht sie auch nicht permanent loszulassen. Man sollte sie nur mal loslassen, um zu sehen, was der Buddha gemeint hat mit der Ersten und Zweiten Edlen Wahrheit. Wenn man mit den Emotionen fürchterlich viel zu tun hat, die alle auf Begierden gebaut sind, und eine davon erkennt – «Das will ich haben» –, die einmal loslassen. Die Erleichterung ist enorm.

Das Sprungbrett

Die vierte Vertiefung ist das Sprungbrett für die formlosen Vertiefungen. Die ersten vier haben wir die feinstofflichen genannt, die rupa jhanas. Die nächsten vier sind die arupa jhanas. Die nicht-stofflichen, die formlosen.

Die ersten vier sind nicht total unbekannt. Wir kennen entzückendes Empfinden, Freude, Zufriedenheit und Ruhe. Es sollte nicht so schwierig sein, wenigstens die ersten drei auf der Vertiefungsebene kennen zu lernen. Angenehme Empfindung, Freude, Zufriedenheit kommen dort nicht über die Sinne, sondern ohne die äußeren Bedingungen, und das in verstärktem Maße.

Die formlosen Vertiefungen dagegen sind in keiner Weise verwandt mit dem oder erkenntlich durch das, was wir im täglichen Leben tun oder erleben. Leider. Sollten wir sie aber eines Tages beherrschen, dann gehört dazu, dass wir sie in unseren Alltag mit einbauen. Nicht, dass wir uns am Schreibtisch mit geschlossenen Augen hinsetzen müssen und die fünfte Vertiefung machen. Nein, wenn wir die formlosen Vertiefungen können, werden wir alles, was im Alltag geschieht, darauf beziehen.

Die formlosen Vertiefungen heißen: Als Erstes: Der unendliche Raum. Als Zweites: Das unendliche Bewusstsein. Wir wollen erst einmal bei diesen beiden stehen bleiben.

Unendlicher Raum

Ich glaube, dass sich die meisten Menschen einen unendlichen Raum vorstellen können. Warum nicht? Wir haben so viel Phantasie. Wir haben einen Mann zum Mond geschickt. Wir haben Kästen, auf denen wir Knöpfe drücken, und alles Mögliche erscheint. Das haben wir uns alles selber ausgedacht. Wieso können wir uns nicht vorstellen, was ein unendlicher Raum ist? Da zählt kein «Ich kann es nicht» oder «Ich kann es sowieso schon». Auch nicht: «Ach, wozu braucht man denn das? Das ist mir zu mühsam.» Das ist überhaupt nicht mühsam. Es ist viel mühsamer, ohne das zu leben. Denn dieser begrenzte Raum, den wir optisch erfassen können, stellt so viele Anforderungen an uns, hat so viele Ansprüche. Und wir sind ständig entweder dabei, uns von diesen Anforderungen und Ansprüchen lossagen zu wollen – in Ruhestand gehen oder halbtags arbeiten oder was immer es sei –, oder aber wir fühlen uns überfordert. Entweder – oder. Mit diesem optischen Raum, in der Begrenzung, in der wir leben, ist nie Zufriedenheit. Da sind allenfalls Annehmlichkeiten – durch die Sinne. Das sind die so genannten Pausen.

Aber im unendlichen Raum werden überhaupt keine Forderungen gestellt. Da ist nämlich niemand. Da ist einfach unendlicher Raum. Wer soll denn da eine Forderung stellen? Da sind wir weder überfordert, noch müssen wir in Ruhestand gehen oder halbtags arbeiten. Nichts zu machen. Es ist einfach. Und in dem Moment, wo wir es erleben, da sehen wir es. So ist es. Ein bisschen Phantasie walten lassen und sich das mal vorstellen. Und dann, nachdem man sich das vorgestellt hat, was ein unendlicher Raum bedeutet, die Augen schließen. Alles, was an einem ist, schließen und sich in den unendlichen Raum begeben und hingeben. Und ihn spüren.

Da gibt es verschiedene Arten und Weisen, das zu machen. Der Buddha hat es erklärt. Man kann mit seinem eigenen Körper anfangen und die Begrenzungen des Körpers, die man nicht so deutlich spürt, aber dennoch spürt, in die Weite gehen lassen, wie einen Ballon, der aufgeblasen wird. Immer weiter und weiter. Zum Horizont, zum Himmel und dann ins Unendliche hinaus. Der Buddha nannte das einen Schritt-für-Schritt-Weg.

Unser Geist hat unendliches Potential. Dass wir ihn so begrenzen und damit nur das machen, was uns gerade mal recht und schlecht zum Überleben hilft, das liegt nur an uns, nicht an unserem Geist.

Der unendliche Raum existiert. In ihm sind Millionen von Galaxien zu finden. Wieso nicht erleben? Wieso sich selber so begrenzen? Das hat nichts mit Emotionen und Reaktionen zu tun. Da will keiner was von einem. Und all die Leute, von denen wir uns einreden, dass sie unser Leben stören, die können auch in den unendlichen Raum und werden dort nichts anderes erleben als unendlichen Raum. Man muss nicht bei dieser Kleinkrämerei bleiben. Das ist der größte Fehler. Man kann sich frei machen davon. Aber nicht durch Worte. Man kann sich nicht frei machen durch Worte. Frei machen kann man sich nur durch das eigene Erleben.

Wenn wir den unendlichen Raum erleben, so ist uns nachher vollkommen klar, dass da niemand war. Da war kein Körper zu finden. Da war der unendliche Raum, der keine Grenze hat, der alles umspannt, aber nirgends in irgendeiner Weise anstoßen kann. Und in dem weder wir noch irgend ein anderer persönlich als Körper vorhanden sind. Eine ganz besonders gute Möglichkeit, die Einheit all dessen, was geschaffen ist, zu erkennen. Denn alles befindet sich und löst sich auf im unendlichen Raum. Da sind nicht lauter kleine Pünktchen darin – eines eine Rose, eines bin ich, eines ist ein kleiner Hund. Es ist einfach Raum, in dem alles vorhanden ist.

Unendliches Bewusstsein

Zum unendlichen Raum gehört das unendliche Bewusstsein. Das ist eigentlich ganz einfach zu verstehen. Nur unendliches Bewusstsein kann den unendlichen Raum erkennen. Und dieses unendliche Bewusstsein hat jeder von uns. Doch was machen wir damit? Wir begrenzen es so, dass wir uns nur noch um die Dinge kümmern, die bei uns zu Hause vorgehen, oder allenfalls, was wir in der Zeitung lesen. Doch am meisten interessiert uns, was in diesen winzigen Wänden unseres Körpers vorgeht.

In Wirklichkeit haben wir ein unendliches Bewusstsein. Und sollten wir den unendlichen Raum erleben, dann ist es nicht schwierig, zu dem unendlichen Bewusstsein überzuwechseln. Das hat ja diese Unendlichkeit erkannt. Der Raum ist eine Erweiterung der körperlichen Ebene ins Formlose, das Bewusstsein entsprechend die Erweiterung auf der geistigen Ebene. Sollten wir das Überwechseln nicht können, so hilft auch da die Anweisung des Buddha: Wir gehen zu dem Bewusstsein, das wir gerade haben. Das beschäftigt sich vielleicht damit, wie oder wo wir sitzen, was wir gerne machen möchten, wie wichtig oder unwichtig wir sind. Und wir merken die Begrenzung. Und versuchen, das Bewusstsein auszudehnen, genauso wie wir das mit dem Raum gemacht haben. Wir lassen es in die Weite schweifen. Wir verlassen im Geiste das Haus, die Natur um uns herum, wir gehen hinaus mit dem Bewusstsein, mit dem Erkennen, wieder zum Himmel, den wir erkennen, und hinaus in die Unendlichkeit. Und erkennen mit dem Bewusstsein ganz genau: Es ist so unendlich, dass es den unendlichen Raum erkennen kann.

Die Erklärungen des Buddha sind ganz besonders pragmatisch und deutlich. Alle Mystiker aller Zeiten haben diese Meditation gemacht, aber sie haben sie anders erklärt, haben Bezug genommen auf ihre eigenen Religionen. Leider sind sie oft so erklärt, dass man den Eindruck bekommt, man müsste etwas ganz Besonderes sein. Bei Theresa von Avila zum Beispiel könnte man denken, dass man visionär sein muss, um diese Vertiefungen selber zu erleben. Sie hat von sieben Vertiefungen gesprochen. Der Buddha spricht von acht. Aber es ist genau das Gleiche. Meister Eckhart hat von den Einsichten gesprochen, die er aus den Vertiefungen geformt hat. Erklärt hat er die Vertiefungen nicht. Die Erklärungen sind eigentlich nur beim Buddha zu finden. Aber, wie gesagt, sie müssen gespürt werden.

Leichtigkeit im Alltag

Wenn man jetzt den unendlichen Raum oder das unendliche Bewusstsein, eins oder beides, gespürt hat durch Meditation, so kann man nicht umhin, das im täglichen Leben in Betracht zu ziehen. Das bedeutet nicht, dass man dann seinen Pflichten nicht nachkommen oder die kleinen Einzelheiten, die in jedem Leben existieren, nicht ausführen kann. Im Gegenteil. Man führt sie viel besser, schneller und einfacher aus. Aber man weiß um deren Nichtigkeit. Wenn etwas nicht so ist, wie man es gerne hätte, dann ist es eben nicht, wie man es gerne hätte. Und dann ist es auch erledigt.

Im unendlichen Raum und im unendlichen Bewusstsein ist es vollkommen gleichgültig, ob man Recht hat oder nicht oder ob man es besser kann als der andere. Das interessiert keinen. Da ist nämlich niemand, den es interessiert. Und das ist eine enorme Hilfe. Aber nur dann, wenn man es ins tägliche Leben mit einbeziehen kann. Wenn man wirklich weiß, dass es ein universelles Bewusstsein gibt, wo alles zu finden ist: jeder positive und auch jeder negative Gedanke von uns. Ein Mystiker vergisst das nie. Und kümmert sich zugleich um praktische Dinge. Da ist Hildegard von Bingen ein Musterbeispiel. Sie hat praktische Dinge bis ins Detail erledigt, aber immer als einen Teil der Mystik, des Erlebens der ganzen Schöpfung.

Ein Mensch, der weiß, was der Lebenssinn ist, und sich danach ausrichtet, der braucht die Dinge, die er tut, nicht fallen zu lassen. Im Gegenteil. Er soll nur schön weitermachen. Er kann gerade auf der Ebene, wo er arbeitet, eine große Hilfe sein. Viele glauben, man müsse, um spirituell zu sein und die Meditation besser zu können, all das, was man im täglichen Leben sonst tut, loswerden. Das ist ein völliges Missverständnis. Die relative Ebene ist genauso vorhanden wie die absolute. Die Mystik ist nur das Verbindungsglied. Von der relativen Ebene zur absoluten Wahrheit vorzustoßen ist unmöglich. Das kann keiner. Das ist einfach eine Nummer zu groß. Aber wenn wir meditativ und kontemplativ, erfahrungsmäßig etwas ganz anderes kennen lernen als das, womit wir uns tagtäglich abgeben, so können wir eine große Hilfe für die Menschen um uns herum sein.

«Ich» vergessen

Die menschliche Ebene ist unangenehm. Das stimmt. Doch nur, wenn man sich mit ihr begrenzt. Wenn man genau da bleibt, wo man immer war. Da kann man noch so viel von den Dingen tun, die der Buddha vorgeschlagen hat. Wenn man sie mit dem Gedanken tut, «ich» will jetzt davon einen Vorteil haben, geht es nicht. Da bleibt man auf derselben Ebene. Man muss sich loslösen können. Mal vergessen, wie man heißt. Überhaupt nicht wissen, wer man eigentlich ist. Nicht: «Ich bin der und ich kann das. Schon drei oder vierzehn Jahre probiert!» Überhaupt nichts wissen. Mal nur Meditation. Sich einfach hineinfallen lassen. Wir wissen ja sowieso, wer wir sind und wie wir heißen und wie alt wir sind und was wir alles schon gemacht haben. Wir brauchen nur mal jemand anzutippen und – bums – kriegen wir alles erzählt, die ganze Geschichte. Jeder kennt das auswendig. Das kann ja ruhig mal ein paar Minuten wegbleiben.

Seiltanz auf dem «Weg der Mitte»

Und dann gibt es da ein ganz feines Drahtseil, auf dem man sich bewegen muss. Das ist furchtbar schwierig für die meisten Menschen. Die haben entweder dieses Gefühl: «Ich bin ja so unwichtig, ich armer kleiner Wurm, mir geht es ja so schlecht, ich kann ja überhaupt nichts!» Selbstmitleid. Und auf der anderen Seite: «Schau, wie wichtig ich bin, ich kann doch alles!» In Wirklichkeit stimmt die Mitte. Aber sich da harmonisch auf die Mitte zu konzentrieren scheint schwierig.

Jeder ist wichtig, weil alles, was in seinem Bewusstsein existiert, in das universelle Bewusstsein hineingeht. In der Beziehung ist jeder wichtig. Wenn einer sich selber geläutert hat oder auf dem Weg ist, ist er äußerst wichtig. Das kann der Welt eine große Hilfe sein. Auf der anderen Seite ist keiner persönlich wichtig.

Da gibt es eine Lehrrede vom Buddha aus der Langen Sammlung. Das «Netz der Ansichten» heißt sie. Und diese

Ansichten, es sind 62, als Überschriften genannt, schließen alles ein, was je ein Mensch für eine Ansicht haben könnte. Sie sind wie Kategorien. Und alle sind falsch. Wieso? Weil sie alle darauf aufgebaut sind, dass «ich so denke». Nur der Erleuchtete hat keine Ansicht. Er hat das Erleben. Also die Ansicht «ich armer kleiner Wurm» und die Ansicht «Ich bin derjenige, der die Sachen wirklich weiß» sind beide falsch.

Da ist eine ganz feine Mitte, wo das harmonisiert werden kann. Was ich tue, was ich denke ist von Wichtigkeit, weil ich das universelle Bewusstsein damit berühre und damit alle Menschen. Aber persönlich bin ich unwichtig.

Wenn wir zurückschauen auf die bisherige Zeit, in der wir meditiert, praktiziert haben, dann müssten wir innere Änderungen bemerken. Etwa dass wir viel mehr Ruhe empfinden. Denn was kann schon passieren im unendlichen Raum oder im unendlichen Bewusstsein? Gar nichts. Da lebt keiner. Also stirbt auch keiner. Nichts passiert. Alles Ruhe.

Diese formlosen Vertiefungen sind die Wegbereiter zur absoluten Wahrheit. Und da wird eine andere Denkweise vorausgesetzt, die den Lebenssinn betrifft. Der äußert sich nicht darin, was wir tun, sondern darin, wie wir es tun.

Eine andere Art zu denken

Die Vertiefungen gehören zum meditativen Pfad des Buddha, genau wie die Achtsamkeit dazugehört, um uns selbst zu erkennen. Die Achtsamkeit ist der siebente Schritt auf dem Achtfachen Pfad, die Vertiefungen sind der achte Schritt. Doch dazu gehört auch eine andere Art und Weise zu denken. Es ist nicht möglich, für jeden Menschen genau zu erklären, was richtiges Denken bedeutet, obwohl der Buddha sich jahrzehntelang bemüht hat. Er hat siebzehneinhalbtausend Lehrreden gehalten, hat fünfundvierzig Jahre lang tagtäglich gelehrt. Ein Grund zu großer Dankbarkeit, dass diese Lehre für uns noch existiert. Denn ich möchte mit Sicherheit behaupten und ich weiß es auch von mir selber: Von alleine wären wir bestimmt nicht darauf gekommen. Dazu gehört ein spirituelles Genie. Und von denen gibt es in jedem Jahrtausend nur ganz wenige.

Diese Lehre ist vorhanden. Es ist nur unsere eigene Wahl: Sich hingeben und es wirklich versuchen, anders denken, Lebenssinn finden, wissen, dass die Mystik nichts Mysteriöses ist, sondern einfach nur das Gefühl, das in einem hochkommt, wenn man nicht ständig ichbezogen ist. Es ist natürlich keine Arbeit, die man von einem Tag zum anderen erledigen kann. Aber man kann sich wenigstens damit beschäftigen. Und es gibt wohl keine bessere Beschäftigung neben all den anderen Beschäftigungen, die wir sonst noch haben.

LIEBENDE-GÜTE-MEDITATION II:

Freude und Glück empfinden und verschenken

Zu Beginn der Meditation wollen wir für ein paar Momente die Achtsamkeit auf den Atem lenken.

Wir wollen in unser Herz hineinschauen und sehen, ob dort Kummer, Schmerz, Ablehnung, Widerwillen, Ärger, Selbstmitleid, Neid oder irgendwelche anderen negativen Gefühle zu finden sind. Und sobald wir sie entdeckt haben, lassen wir sie fortfliegen wie eine schwarze Wolke, die am Himmel vom Wind verweht wird. Denn all diese Gefühle sind nichts als schwarze Wolken in der Reinheit unseres Herzenshimmels.

Und wenn unser Herz rein gefegt ist von diesen unangenehmen, unheilsamen Gefühlen, dann füllen wir es mit Glück und Freude. Freude über alles Schöne in unserem Leben und das Glück, das vom spirituellen Üben kommt. Wir fühlen uns eingebettet in das Glück und die Freude in unserem Herzen, damit angefüllt und umhüllt, beschwingt davon und erleichtert.

Und jetzt wenden wir unsere Achtsamkeit demjenigen zu, der uns hier am nächsten sitzt, und schenken ihm das Glück und die Freude, die in unserem Herzen zu finden sind, als ein reines Geschenk. Füllen und umhüllen ihn damit, ohne eine Gegengabe zu erwarten. Wir wissen: Je mehr wir davon verschenken, desto mehr haben wir davon im Herzen. Und wir wissen auch, dass unsere Umwelt von diesem Geschenk beglückt wird.

Und wir denken an unsere Eltern, ob sie noch am

Leben sind oder nicht. Und schenken ihnen alles Glück und alle Freude, die wir im Herzen tragen, um ihr Leben zu erleichtern und die Beschwingtheit von Glück und Freude zu vermitteln. Und sehen, wie erfreut sie darüber sind.

Und wir denken an unsere liebsten und nächsten Menschen, mit denen wir vielleicht zusammenleben. Und schenken ihnen die Herzensqualitäten von Glück und Freude, ohne zu erwarten, dass sie das Gleiche tun. Wir füllen und umhüllen sie damit. Und wir sehen auf den Gesichtern, wie beglückt sie davon sind.

Wir erwarten nicht und warten nicht darauf, dass wir einen bestimmten Anlass haben für Glück und Freude, sondern sehen ganz deutlich, dass das die Funktion, die Eigenschaft unseres Herzens ist, wenn es rein ist.

Wir denken an unsere Freunde, Verwandten und Bekannten, wer immer uns da in den Sinn kommt. Lassen sie vor unserem geistigen Auge erscheinen. Und schenken ihnen unser Herz, so dass sie die Zusammengehörigkeit erleben, an dem Glück und der Freude in unserem Herzen teilhaben können. Und wir spüren ganz deutlich, dass unsere Umwelt davon beglückt ist.

Und wir denken an die Menschen, die uns oft oder ständig im Alltag begegnen: Nachbarn und Arbeitskollegen. Und wir spüren und merken, dass wir, wenn wir ihnen Glück und Freude schenken, in einer Harmonie des Zusammenseins von Glück und Freude mit ihnen leben können.

Und wir denken an einen oder mehrere schwierige Menschen in unserem Leben. Wir schenken ihnen das Schönste, was wir haben: die Reinheit unseres Herzens voll Glück und Freude, ohne Wollen und Wünschen, ohne Ablehnung und ohne Urteilen. Und mit diesem Geschenk fühlen wir, dass die Schwierigkeit von uns abfällt. Stattdessen verspüren wir Leichtigkeit.

Die dunklen Wolken der Schwierigkeit sind alle verflogen. Es bleibt nur das Helle und Reine zurück. Und wir können den schwierigen oder die schwierigen Menschen vollkommen umarmen. Und weil wir wissen, dass die Welt mehr Glück, mehr Freude braucht, öffnen wir unser Herz ganz weit und lassen Glück und Freude daraus fließen, ohne zu erwarten, dass es irgendwelche persönlichen Resultate bringt. Nur verschenken. Und wo immer unser Glück und unsere Freude hinfließen, dort gibt es dann Glück und Freude. Das Zusammenleben der Menschen, ob wir sie kennen oder nicht, wird harmonischer. Und wir lassen Glück und Freude aus unserem Herzen fließen wie einen goldenen Strom, der sich überallhin verbreiten kann. Und je mehr wir verschenken davon, desto mehr haben wir.

Und wir richten die Achtsamkeit wieder auf uns selbst. Wir fühlen den inneren Jubel und die Glückseligkeit, die davon gekommen sind, dass wir die Reinheit unseres Herzens empfunden haben. Und wir füllen und umhüllen uns damit. Wir verankern Glück und Freude in unserem Herzen, unabhängig von äußeren Umständen, einzig und allein, weil das reine Herz nur das empfindet. Und wir wollen Glück und Freude als unsere Begleitung haben auf unserer spirituellen Reise. Und verankern sie ganz fest, so dass wir immer Zugang dazu haben.

Mögen alle Menschen Glück und Freude in ihrem Herzen verspüren.

7

Die absolute Wahrheit

Neuland sehen

Wir sind jetzt so weit, über die absolute Wahrheit sprechen zu können. In Wirklichkeit dauert es natürlich länger, bis man sich da hinarbeitet. Das geht nicht so in einer Woche.

Wir haben zunächst von der relativen Ebene gesprochen, wo wir jeder eine Persönlichkeit sind mit Grenzen. Grenzen des Körpers. Da hört das Ich auf. Was eigentlich nicht stimmt, denn unsere Ausstrahlungen gehen viel weiter als die Grenzen des Körpers. Jedenfalls sind wir auf der relativen Ebene ständig mit unseren Sinneskontakten beschäftigt und glauben, dass das alles wäre.

Dann haben wir versucht, eine Brücke zu schlagen zwischen der Relativität und der absoluten Wahrheit: durch die Meditation, die uns andere Bewusstseinsebenen eröffnet, und die uns zeigen kann, dass der Horizont, mit dem wir leben, viel zu klein ist. Und dass das nicht der Lebenssinn, sondern nur ein Überlebensproblem des Menschen ist. Nur zu überleben versuchen ist ja sinnlos. Überleben tut sowieso keiner. Sollte das unser Lebenssinn sein, dann haben wir wohl unser ganzes Menschsein verfehlt. Dann haben wir das Leben hier, sechzig, siebzig, achtzig Jahre, umsonst zugebracht. Und viele Menschen merken das, plötzlich, zwischendurch. «Aha, was ich mache, genügt nicht.» Manche merken es erst auf dem Totenbett. Ein bisschen spät.

Es geht darum, dass wir Neuland sehen und kennen lernen. Durch die Meditation ist uns der Weg geebnet. Intellektuelles Verstehen ist zwar weit verbreitet, genügt aber nicht. Der Buddha hat nicht Missionsarbeit betrieben. Im Gegenteil. Er war äußerst dagegen. Er fand es verfehlt, Menschen etwas zu erklären, was sie gar nicht wissen wollen. Er hat nur auf Fragen geantwortet oder ist dort hingegangen, wo er eingeladen war.

Das Gleiche tun wir heute auch noch. Und auch heute gibt es viel mehr Menschen, die das nicht wissen wollen. Denken wir daran, wie viele Jünger Jesus hatte, dann ist klar, dass nur sehr wenige Menschen es wissen wollen. Wieso ist das so? Tja, ich glaube, das weiß jeder, wieso das so ist, denn jedem ist es schon selber passiert. «Ach, ich möchte gerne meine Ruhe haben. Es läuft ja eigentlich alles ganz gut. Man könnte hier und da eine kleine Verbesserung vornehmen. Und wenn ich mit den Leuten, mit denen ich mich herumärgere, nichts mehr zu tun habe, geht es auch viel einfacher.» Das kennt doch jeder, dieses Empfinden, wo jede tiefe Frage verloren geht. Der Buddha hat dazu gesagt: «Es gibt nur wenige Menschen mit wenig Staub auf den Augen.» Er muss es ja wohl gewusst haben. Er hat 45 Jahre lang gelehrt, tagtäglich.

Heute sieht es genauso aus. Wir kriegen viele schöne Worte zu hören. Viele Menschen sind begabt zum Reden. Aber wenn der Geist redet und das Herz nicht mitspricht, sind all die Worte leer und hohl. Beim Buddha wurden Menschen schon nach einer Lehrrede erleuchtet. Das war das ganze Sein des Buddha, was hinter den Worten stand.

Meinungen loslassen

Doch das Problem ist: Wir hören schlecht. Wieso hören wir schlecht? Weil wir ständig unsere eigene Meinung da hineinmischen. Und davor möchte ich jetzt, wenn wir von der absoluten Wahrheit sprechen, besonders warnen. Keine eigene Meinung. Nur für die kurze Zeit dieser Lehrrede, dieses Dhamma-Vortrags.

Das ist äußerst schwierig. Denn die eigene Meinung legt sich über jeden Satz, über jedes Wort. «Das hätte man doch auch anders sagen können» oder «Das sehe ich nicht so» oder «Das habe ich woanders anders gelesen» oder «Der und der Lehrer sagt das und das». Und so weiter. Fünfundvierzig Minuten damit aufhören? Unmöglich. Vielleicht fünf Minuten! Nur mal sehen, wie das ist. Das ist wunderbar. Das ist ganz herrlich. Das ist eine absolute Erleichterung, mal nicht die eigene Meinung mitspielen zu lassen.

Die Welt geht weiter. Das Universum ist da. Die Erde dreht sich. Tag folgt Nacht. Der Buddha hat etwas gesagt. Und ich habe keine eigene Meinung. Ich nehme es nur in mich auf. So etwas Wunderbares, Erleichterndes, Beglückendes ist wenigen Menschen gegönnt, weil wir eben an unseren Meinungen, der Buddha sagt, «kranken».

Unsere Meinungen – nicht nur über das, was wir hören, sondern vor allen Dingen über uns selbst – halten uns vom Nibbana (Nirvana) ab. Nibbana ist ohne Meinungen. Es ist. Das ist absolute Wahrheit. Was der Buddha darüber gesagt hat, waren nicht seine Meinungen. Er hat versucht, sein Erleben so weiterzugeben, dass es andere nachvollziehen können. Dazu braucht man aber Herz und Geist. Leider versuchen die meisten Menschen, entweder alles nur mit dem Geist nachzuvollziehen. Oder aber sie sind derart mit ihren Emotionen überschüttet, dass sie den Geist beiseite lassen. Man muss beides benutzen. Man muss verstehen und erleben. Verstehen ist der Intellekt, und Erleben ist das Herz.

Ich habe davon gesprochen, dass wir durch die Meditationen einen Weg der Mystik gehen können. Und gerade die Liebende-Güte-Meditation kann auf diesem Weg eine große Hilfe sein, wenn sie nicht mit dem Intellekt, sondern mit dem Gefühl geübt wird. Denn das Gefühl ist unendlich – wie das Bewusstsein. Das Bewusstsein ist nicht dasselbe wie der Intellekt. Der Intellekt ist logisch und analytisch. Und das Bewusstsein ist unendlich und universell. Die Liebende-Güte-Meditation könnte ein ausgezeichneter Zugang sein, wenn man das Gefühl wirklich hat und es erweitern kann und damit immer weiter in die Unendlichkeit gehen kann. Das ist nicht nur: «Ich soll ja meinen Nächsten lieben.» Es ist ja noch viel mehr vorhanden!

Wenn wir uns auf diesen Weg der Einheit begeben und durch das meditative Erleben die Grenzen, die wir uns selber setzen, etwas erweitert haben, wie ich es beim unendlichen Raum und unendlichen Bewusstsein erklärt habe, dann sind schon der Anfang und der Weg vorhanden zur absoluten Wahrheit. Denn in der absoluten Wahrheit sind die Grenzen aufgelöst.

Der Buddha hat die absolute Wahrheit a-natta genannt. Atta heißt Ich, und «a» ist die Negation. So wie bei «möglich» und «un-möglich». Es heißt also, wörtlich übersetzt: Nicht-Selbst oder Nicht-Ich. Und da entstehen viele Missverständnisse. Das erste ist: «Na, wenn ich sowieso nicht da bin, wozu bemühe ich mich dann eigentlich?» Und: «Wenn ich nicht da bin, wer liebt dann wen?» Das sind Fragen, wo die relative mit der absoluten Ebene verwechselt wird. Die Einwände sind ja nicht unberechtigt. Aber sie machen keinen Sinn. Denn das Nicht-Ich ist auf der absoluten Ebene. Und das Ich, das sich ständig breit macht, ist auf der relativen Ebene. Und die beiden treffen sich nie. Man muss allerdings Folgendes dazu sagen: Solange wir frühmorgens aus dem Bett hüpfen oder langsam rausklettern und genau wissen, «Ich stehe jetzt auf», so lange müssen wir üben. Denn das ist die relative Ebene des Ich. Und dieses Ich muss üben. Es kann sich auch darin üben, Liebe zu empfinden. Das kann man erlernen. Liebe ist erlernbar, interessanterweise.

Wir haben immer diese phantastische Idee, dass Liebe ein Glückszufall ist. Ich weiß auch nicht, wer darauf gekommen ist. Wahrscheinlich die Romanschreiber. Endlich findet man jemand, wo die Chemie zusammenpasst. Und dann ändert sich natürlich die Chemie. Die kann ja auch nicht gleich bleiben. Also von wegen Glückszufall. Das ist erlernbar.

Also solange dieses Ich da ganz genau weiß, dass es jetzt aufsteht und auf die Toilette geht und sich die Zähne putzt, so lange muss es üben, die Liebe zu erlernen, sie in sich zu verspüren, zu verschenken und praktizieren. Das ist die relative Ebene.

Menschsein muss mehr bedeuten!

Aber der Buddha wollte uns ja zeigen, wo das hinführen kann. Und dazu müssen wir auf der relativen Ebene merken, dass dieses Ich, mit dem wir die ganze Zeit zu tun haben, ständig von Dukkha geplagt ist. Auch wenn wir uns zwischendurch derart ablenken, dass wir es nicht merken. Es ist ständig von Dukkha geplagt. Es will mehr, als es hat, oder es will loswerden, was es hat. Und diese Plage – man könnte Dukkha als Plage bezeichnen – muss man erst mal erkennen.

Wozu sollten wir sonst überhaupt üben! Es ist also eine Vorbedingung, dass wir auf der relativen Ebene wissen: So kann es nicht weitergehen. Das darf nicht sein. Menschsein muss mehr bedeuten. Es bedeutet auch viel mehr. Es bedeutet *viel* mehr.

Dann kommt der Moment des Übens. Dann kommen die Möglichkeiten eines Erlebens, wo die Grenzen sich auflösen, nicht ganz verschwinden, doch durch die formlosen Vertiefungen schon in die Unendlichkeit gehen. Und da erkennen wir die falschen Meinungen, die wir über uns selber und die Welt haben. Sie besteht daraus, von der absoluten Ebene aus betrachtet, dass wir glauben, eine Person, eine Persönlichkeit zu sein.

Diese falsche Meinung, die sich natürlich in allem ausbreitet, vor allen Dingen in den zwischenmenschlichen Beziehungen. «Ich bin diese Persönlichkeit. Der andere ist diese andere Persönlichkeit. Diese andere Persönlichkeit passt mir überhaupt nicht. Also die muss ich jetzt auf Abstand halten!» Und was haben wir? Krach. Ärger. Argumente. Familienzwistigkeiten. Oder aber einer von beiden hat es aufgegeben und hält den Mund. Das kann auch passieren. Damit ist noch nichts erledigt. Man glaubt trotzdem weiter an die eigene Persönlichkeit.

Dass wir diese falsche Meinung über uns haben, merken wir aber erst, wenn wir durch die meditativen Erlebnisse neue Bewusstseinsebenen berührt haben, wo alles anders aussieht. Wir können noch so viele Bücher mit Buddhas Lehren lesen – siebzehneinhalbtausend Lehrreden mit Kommentaren und Subkommentaren –, solange *ich* es lese, habe ich eine falsche Meinung. Tatsache ist nur: Die Augen sehen die Buchstaben und der Geist interpretiert sie. Doch was macht er dann, nachdem er fertig ist mit dem Lesen? Klappt zu und zankt sich mit dem Partner. Dann hätte er es gar nicht erst zu lesen brauchen. So geht es nicht!

Auf den Universitäten wird ja heute sogar Indologie gelehrt, auch die Sprache Pali. Und die ist einzig und allein in des Buddhas Lehrreden überliefert. Buddhas Lehrreden auf der Universität. Na wunderbar! Und was ist mit denen, die es lehren und lernen? Welche Meinung haben die über sich? Die Hauptsache ist wahrscheinlich, dass die Examen bestanden werden. Und wer besteht die Examen? Ich. Und wer lehrt? Ich. Und wer möchte einen besseren Lehrstuhl haben? Ich. Und wer möchte bessere Noten beim Examen bekommen? Ich.

Der Buddha hätte sich nicht träumen lassen, dass seine Lehrreden mal an die Universität kommen. Er hätte bestimmt nichts dagegen. Aber er hätte wahrscheinlich sehr viel mehr dafür, wenn man sie so lehren würde, dass man es wirklich erleben kann. Und das ist das Schwierige dabei.

Was verlieren wir?

Das Ziel des Buddha ist, dass wir die falsche Meinung, die wir über uns selber haben, vollkommen revidieren. Wir verlieren dadurch nichts, nur eine falsche Meinung. Die meisten Menschen trauen sich nicht, sich überhaupt mit der Sache zu beschäftigen, weil sie glauben, da geht ihr Ich verloren: Was ich glaube, was mir gut gefällt, was ich gerne tue, alles ist dann ja weg! Nichts ist weg. Im Gegenteil. Alles, was ich gern habe und gern tue, hat viel mehr Inhalt als je zuvor. Weil ich es ja nicht zu tun brauche. Es existiert einfach.

Das Einzige, was ich verliere, ist das, womit ich die ganze Zeit belastet war. Eine falsche Ansicht. Weiter gar nichts. Das kann ich verlieren. Vielleicht hat man dann einen anderen Lebenszweck gefunden. Das wäre ja auch nicht das Schlimmste. Wenn ein Mensch nicht mit sich selbst beschäftigt ist, mit was dann? Irgendetwas muss er doch tun! Er kann nicht einfach rumsitzen, bis er stirbt. Wie langweilig. Also was tut er? Er kann doch nur noch damit beschäftigt sein, anderen Menschen zu helfen, auch die Wahrheit zu sehen.

Und das ist es, was der Buddha getan hat. Vom Tage seiner Erleuchtung, als er 35 Jahre alt war, bis zum Tage seines Todes, als er achtzig war, hat er tagtäglich Menschen versucht zu helfen, die absolute Wahrheit zu erkennen. Es heißt, er habe jeden Morgen in der Meditation das Netz des Mitgefühls ausgeworfen, mit dem er dann einen oder mehrere aufnahmefähige Menschen fing. Er legte weite Strecken zu Fuß zurück, als er noch gesund und kräftig war, um dann zu diesen Menschen zu gehen und ihnen die absolute Wahrheit zu erklären, so dass sie sie verwirklichen konnten.

Dass das Ich eine Illusion ist, ist nicht unbekannt. Doch die Erklärung des Buddha ist einzigartig. Er wurde zu seinen Zeiten in Indien ein «Anattavada» genannt, ein Lehrer des Nicht-Ich. Es gab damals keinen anderen, der das lehrte. Doch wir können es bei allen Mystikern in anderen Worten finden. Meister Eckhart, wohl der größte deutsche Mystiker aller Zeiten, sagte: «Das Ich muss aus dem Herzen, damit Gott endlich Platz findet.» Heute weiß keiner so genau, was er sich unter Gott vorstellen soll. «Na ja, Meister Eckhart, ist schon recht.» Selbst die Dominikaner, zu denen er gehörte und mit denen ich mich schon darüber unterhalten habe, winken ab.

Es ist nicht einfach, aber ich will es trotzdem anschneiden: Kann man sich jetzt mal eine Sekunde lang vorstellen, wie das wäre, da auf seinem Platz zu sitzen und nicht zu empfinden, «Ich sitze hier», sondern «Hier sitzen Körper und Geist». Kann man sich das einen Moment lang vorstellen? Wenn man sich das wirklich vorstellen kann, dann ist das eine derartige Erleichterung. Dann braucht nämlich überhaupt nichts zu geschehen, was dem Ich gefallen muss. Es ist keiner da, dem es gefallen muss. Da sind nur Körper und Geist.

Das kämpfende Ich

Phantasie genügt im Grunde nicht, um sich das wirklich vorzustellen. Man braucht einen Willen dazu, eine Willenskraft, die schon erkannt hat, dass die ganze Misere der menschlichen Existenz aus dieser einen falschen Ansicht entsteht. Jeder Familienstreit, jeder Ärger bei der Arbeit, jeder Krieg entsteht daraus, dass ein Ich gegen andere Ichs, dass Hunderte, Tausende von Ichs gegen andere Tausende von Ichs arbeiten. Nichts anderes kann so etwas hervorbringen. Und die ganze Menschheit, alle miteinander, leben in dieser Illusion. Jeder möchte haben, was ihm – wie er glaubt – zusteht. Und in unserer Gesellschaft haben wir da geradezu wahnwitzige Ideen, was uns alles zusteht. In ärmeren Gesellschaften ist das alles ein wenig heruntergeschraubt. Doch ob man nun etwas bescheidener ist oder maßlose Ansprüche stellt, es ist immer das Ich, das etwas will und sich ausbreiten möchte. Und alles sind Versuche, aus Dukkha zu entkommen. Doch das Leid lässt sich so nicht wegschieben. Je mehr sich das Ich in irgendeiner Weise auszubreiten versucht, desto schwerer wird es, die Wahrheit zu erkennen.

Ein Mystiker kann nicht umhin, diese Wahrheit zu erkennen. Und daher ist die Rettung dieser Spezies auf keiner anderen Ebene möglich. Denn wieso holzen wir unsere Wälder ab? Da kann einer kommen und fordern: «Holzt sie nicht ab!» Na und? Der, der sie abholzt, will Geld verdienen. Wieso werden weiter Elefanten getötet? Weil Elfenbein viel Geld bringt. Wieso bringen wir uns gegenseitig um? Wieso bestehlen wir uns? Wieso beschimpfen wir uns? Wieso erzählen wir Geschichten, die gar nicht stimmen? Das ist alles nur auf dem Ich aufgebaut. Nichts anderes kann uns derart schaden wie das eigene Ich.

Und dann diese Wahnidee, dass wir irgendetwas erledigen können, weil wir so intelligent sind. Wir sind intelligent, keine Frage. Das haben wir sehr gut hingekriegt. Wir haben uns bemüht und bemüht, haben Abertausende von Institutionen über die ganze Welt verteilt, die den Intellekt und den Geist schärfen. Wir bilden uns darauf etwas ein, wenn wir von einer dieser Institutionen ein Stück Papier bekommen, wo unsere Leistung bescheinigt wird. Und wo liegt das Glück? In dem Stück Papier? In der Institution? Im Schärfen des Geistes?

Demut und Gleichmut

Die Frage ist doch: Sind wir glücklich? Und: Wie macht man das? Der Buddha hat gesagt, wie man es macht. Dazu gehört eine Menge Üben. Und Mut.

Auf dem spirituellen Pfad sind zwei Eigenschaften unerlässlich: als Vorbedingung Demut – was nicht Minderwertigkeitskomplexe bedeutet oder eine Fußmatte für andere Leute sein – und als Resultat Gleichmut. Beide sind voll mit Mut. Wir brauchen Mut, das Alte, das in uns herrscht, das Ich, zu hinterfragen; es ist nicht als selbstverständlich anzunehmen, sondern zu untersuchen, immer wieder, ob es überhaupt stimmt. Wieso glauben wir, dass es stimmt? Weil wir es uns einreden. Bei jedem Gedanken reden wir uns ein: «Ich denke.» Aber der Gedanke hat nicht gesagt: «Ich denke.» Der Gedanke hat nur gesagt: «Mir ist zu heiß.» Oder wir haben eine Emotion. Da reden wir uns ein: «Ich habe eine Emotion.» Die Emotion hat nichts davon gesagt, dass sie Mir gehört. Die war einfach da.

Bin ich der Körper?

Und dann haben wir einen Körper. Reden uns ein: «Das bin ich!» Und welcher Körperteil hat schon jemals gesagt: «Hier, das bin ich»? Er kann sich nämlich gar nicht melden. Das kann nur der Geist. Der Geist vereinnahmt diesen

Körper und sagt: «Das bin ich.» Und nicht nur das. Nein, der Körper soll auch einem gewissen Schema folgen. Er soll nicht zu dick, nicht zu dünn, nicht zu groß und nicht zu klein, nicht zu alt, nicht zu grau und nicht zu blass sein. Er soll braun gebrannt sein. Alles Mögliche soll er sein. Ganz wichtig. Und wenn er das nicht ist, dann muss man unbedingt etwas unternehmen, sonst kriegt man Minderwertigkeitskomplexe.

Vielleicht ist es gar nicht mal so schwer zu verstehen – nicht zu fühlen, nur zu verstehen –, dass der Körper nicht ich ist. Denn jeder denkt doch, er ist auf jeden Fall viel mehr als nur der Körper. Doch warum sind wir dann so mit ihm verhaftet? Warum ist es uns so furchtbar wichtig, was mit ihm passiert? Auf keinen Fall soll er irgendwo wehtun. Auf keinen Fall! Doch er gehorcht überhaupt nicht. Er macht lauter Sachen, die wir gar nicht wollen. Wenn man zum Beispiel zwei Stunden hintereinander meditieren will und man würde dasitzen ohne Körper, auf einer feinstofflichen Ebene, das wäre doch bedeutend einfacher. Keine Knie- oder Rückenschmerzen, es wäre einem nicht zu heiß und nicht zu kalt. Ganz egal. Man sitzt und meditiert. Der Körper würde sich da in keiner Weise melden. Also wieso wir das so fest packen als Ich, ist unverständlich.

Und wenn man sich einmal im Fotoalbum anschaut, wie sich der Körper im bisherigen Leben verändert hat. Hunderte und Tausende von verschiedenen Ichs. Jedes Foto ein anderes. Das ist nicht so schwer zu verstehen, dass der Körper nicht Ich ist. Wenn wir das wirklich ablegen und diesen Körper nicht mehr als Ich bezeichnen würden, dann hätten wir einen Riesenschritt getan.

Um zu dem hinzukommen, was der Buddha als absolutes Glück bezeichnet hat, nämlich das Empfinden des Nicht-Ich, schlage ich als ein Anfangsstadium der Praxis vor, dass wir uns mit dem Körper beschäftigen. Einfach mal schauen, wo ist denn da irgendeine Stelle in diesem Körper, von der wir sagen können, das muss Ich sein. Die ist nicht zu finden, das ist klar. Aber das muss man mehr als einmal üben, damit es einem auch wirklich klar wird. Und dann die verschiedenen Möglichkeiten anschauen, wie dieses körperliche Ich schon so verschieden ausgesehen und immer Ich geheißen hat. Eine ganze Armee voll Ichs. Das ist eine ganz wichtige Kontemplation. Dann hat man schon mal gerüttelt an dieser voreingenommenen Meinung, dass diese Grenzen, rechts und links, oben und unten, dass das Ich bin.

Man kann ja heute sogar Ersatzteile bekommen. Wo ist denn da das Ich? Erst ist das Ersatzteil in einem Schraubglas mit Formaldehyd und gehört niemandem. Und dann wird es in den Körper eingesetzt. Und plötzlich ist es wieder Ich? *Meine* Niere? Man kann viele Teile austauschen. Und dennoch glaubt man immer weiter, man ist Ich. Wenn man sich mal mit Achtsamkeit die absichtlichen und die spontanen Bewegungen des Körpers betrachtet, dann sieht man, dass der Geist dahintersteckt.

Bin ich Geist?

Das ist der nächste Schritt: den Geist betrachten. Da müssen wir mal sehen, was sich da eigentlich abspielt im Geist. Das Erste, was sich abspielt, ist der Sinneskontakt. Das heißt, wir sehen was, wir hören was, wir riechen was, schmecken was, berühren was oder denken was. Das ist das Erste, was geschieht. Immer. Das Nächste, was immer geschieht, ist, dass ein Gefühl hochkommt. Angenehm, unangenehm oder neutral. Danach geschieht ein Etikettieren. Wir haben eine Rose gesehen. Das Gefühl ist angenehm. Das Etikett ist «Rose». Und dann kommt die Reaktion. «Die ist aber hübsch. Was ist das wohl für eine Sorte?

Ich habe ganz ähnliche im Garten. Wenn ich nach Hause komme, muss ich sie unbedingt beschneiden. Wann ist denn dieser Kurs eigentlich zu Ende? Ist ja sehr anstrengend. Aber das Beschneiden darf ich auf keinen Fall vergessen. Wo habe ich denn die Schere hingelegt? Sicher in den Küchenschrank.» Nun bin ich von der Rose in meiner Küche gelandet und suche die Schere. Ich habe nichts gegen die Rose gehabt, ich will sie nur noch verschönern.

Anderes Beispiel: Ich sehe Hundeschmutz und trete beinahe hinein. Unangenehmes Gefühl kommt hoch. Etikettierung: «Hundeschmutz.» Und die Reaktion ist: «Das ist ja fürchterlich. Können die nicht aufpassen, dass die Hunde hier nicht hinmachen? Das soll ein Kloster sein?!»

Doch nichts von dem, was da vor sich gegangen ist und immer vor sich geht, hat gesagt: «Das gehört mir!» Weder der Sinneskontakt noch das Gefühl, noch das Etikett, noch die Reaktion. Nichts davon hat behauptet, es sei meines. Es ist einfach abgelaufen. Wie bei einer Kassette, wo man auf den Knopf gedrückt hat. Und die läuft und läuft und läuft. Bis zum Tod.

Und was passiert beim Tod? Dieselben Kassetten laufen weiter. Man stirbt mit dem Bewusstsein, das man mitgebracht hat. Wenn einem die Kassetten gefallen, kann man ja so weitermachen. Hätte man gerne ein paar neue, dann muss man was Neues unternehmen und untersuchen.

Wo ist das Ich?

Weder beim Körper noch bei den vier Geistesformationen – Sinneskontakt, Gefühl, Etikett, Reaktion, auf Pali heißen alle fünf «khandhas», auf Sanskrit «skhandhas», auf Deutsch meiner Meinung nach sehr mangelhaft mit «Anhäufungsgruppen» übersetzt – ist irgendetwas zu finden, was als Ich empfunden oder beschrieben werden kann. Nur unsere Phantasie sagt «Ich», «Meines», «Mein Sinneskontakt. Gehört mir».

Nun ist aber der Sinneskontakt nicht nur kurzfristig. Er ändert sich auch ständig. Und genauso das Gefühl. Ebenso die Erklärung, die wir andauernd abgeben. Diese fünf Dinge, die Khandhas, bestehen aus Millionen von Millisekunden. Und da muss man dann das Ich finden. Man kann es versuchen. Doch wir versuchen es gar nicht erst. Wir nehmen es einfach für selbstverständlich an. Das bin ich. Das gehört mir. Und ich will.

Noch einmal zusammengefasst: Der erste Schritt ist, zu wissen, dass im ganzen Universum nichts anderes Ärger und Unruhe verschafft als die Ich-Illusion. Das ist das Dukkha. Wenn wir uns das nicht vor Augen halten, besteht keinerlei Hoffnung, dass wir etwas zur Änderung unternehmen. Als Nächstes können wir uns in der Meditation klar werden, dass es überhaupt keinen Sinn hat, diese Unannehmlichkeiten, dieses Dukkha, verbessern zu wollen. Nur eine radikale Änderung unserer Ansicht hilft. Radikal vorgehen und nicht so zimperlich. Revidiere ich meine Ansicht nur im Intellekt und lebe nicht danach, dann habe ich nichts erledigt. Und wie lebt man danach? Die Emotionen können einen nicht mehr überfluten. Es herrschen Ruhe, Gleichmut, das Erkennen der Gleichheit und der Einheit. Keiner ist mehr als der andere oder weniger.

Der Weg des Buddha führt zu der Erkenntnis und dann zu der Fähigkeit, es wirklich zu leben, dass wir mit dieser Ich-Illusion nicht nur uns selber, sondern allen, mit denen wir in Berührung kommen, unendliches Leid zufügen. Jeder. Auch wenn wir noch so liebenswürdig sind. Liebenswürdigkeit hat es noch niemals geschafft. Das ist Diplomateneigenschaft. Der Buddha war absolut kein Diplomat. Der hat immer gesagt, wie es wirklich ist. Wir müssen den Mut haben, diese falsche Ansicht, diese Entfernung von der Wirklichkeit, zu verkleinern. Wir leben in einem Phantasiegebilde, das von allen Seiten unterstützt wird. Für die meisten Menschen, die nicht individuell denken, sondern mitmachen, ist diese Unterstützung genügend Anlass dabeizubleiben.

Ich möchte vorschlagen, vielleicht in der nächsten Meditation, nachdem der Geist etwas zur Ruhe gekommen ist, sich einmal vorzustellen, nur eine Minute lang: Da sitzt jemand. Es ist aber nur Körper und Geist. Weiter nichts. Weder der Körper schreit «Ich» noch der Geist. Wenn man das wirklich erlebt, dann müsste man gleichzeitig eine derartige Erleichterung empfinden, dass man diesen Weg auch ernstlich verfolgt. Wir haben die Fähigkeiten. Jeder kann es. Der Buddha sagt, jeder kann erleuchtet werden.

Die drei Daseinsmerkmale

Zu den sieben Erleuchtungsfaktoren, von denen der Buddha sprach, gehören die drei Daseinsmerkmale. Vergänglichkeit, Dukkha und Nicht-Selbst – auf Pali annata. Das dritte Daseinsmerkmal ist das Ziel der buddhistischen Praxis. Und es ist auch die besondere Art des Buddha zu lehren. Der Buddha wurde annatavadin genannt, Lehrer der annata, der Nicht-Selbst-Lehrer. Er hat einen Lehrkomplex aufgestellt, der zur Erkenntnis führt, dass es kein Ich gibt. Alle Methoden, die wir verwenden, alle Einsichten, die wir bekommen, zielen dorthin.

Die drei Daseinsmerkmale sind miteinander eng verbunden. Haben wir eines davon total durchschaut, dann haben wir alle drei durchschaut. Es ist eine persönliche Wahl und Tendenz, welches von den dreien man sich zur Untersuchung aussucht. Es kann sein, dass man sich einige Zeit mit einem beschäftigt und später mit einem anderen.

Es wird im Allgemeinen so hingestellt, dass diejenigen, die gute Konzentration haben, sich um die Vergänglichkeit kümmern und sich dafür interessieren. Diejenigen, die viel Vertrauen haben in die Lehre des Buddha, beschäftigen sich mehr mit Dukkha. Und diejenigen, die mehr einen analytischen, logisch interessierten Geist haben, beschäftigen sich mehr mit annata, dem Nicht-Selbst.

Ich werde kurz etwas vom Buddha vorlesen, was er über diese drei Daseinsmerkmale gesagt hat:

«Ob Erleuchtete erstehen oder ob sie nicht erstehen, eine Tatsache bleibt, eine feste und notwendige Bedingung des Daseins, dass alle Gebilde, also alles, was es gibt, vergänglich sind. Dies erkennt und durchschaut der Erleuchtete. Und hat er es erkannt und durchschaut, so lehrt er es, zeigt es, macht es bekannt, verkündet es, macht es offenbar, dass alle Gebilde vergänglich sind.»

«Ob Buddhas erstehen oder nicht, eine Tatsache bleibt, eine feste und notwendige Bedingung des Daseins, dass alle Gebilde dem Leiden unterworfen sind. Dies erkennt und durchschaut der Erleuchtete. Und hat er es erkannt und durchschaut, so lehrt er es, macht es offenbar, dass alles, was existiert, dem Leiden unterworfen ist.»

«Ob Buddhas erstehen oder nicht, eine Tatsache bleibt, eine feste und notwendige Bedingung des Daseins, dass alles, was es gibt, ohne ein Selbst ist. Dies erkennt und durchschaut der Erleuchtete. Und hat er es durchschaut, so lehrt er es, macht es bekannt, verkündet es und macht es offenbar, dass alle Phänomene ohne ein Selbst, ohne Persönlichkeit sind.»

Verwechslung der Ebenen

Das ist das Dritte, mit dem wir uns jetzt beschäftigen. Und es ist das, was immer wieder zu Missverständnissen führt. Weil wir in dem Moment, wo es verstanden ist, auf eine andere Ebene des Verstehens gelangt sind. Wir üben und praktizieren auf der relativen Ebene der Wahrheit, wo jeder Ich heißt. Aber wir üben und praktizieren auf dieser relativen Ebene, um zur absoluten zu kommen.

Wir können diese beiden Ebenen nicht vermengen. Es wird immer wieder versucht. Es ist total unmöglich. Man muss sich also ganz klar darüber sein, dass das, was man innerlich empfindet, Ich heißt. Jeder weiß, wer frühmorgens aufwacht und aus dem Bett steigt, nämlich *ich*. Jeder weiß, ob seine Meditation funktioniert, nämlich *meine*. Jeder weiß, ob ihm das Essen schmeckt, nämlich *mein* Essen. Jeder weiß, das ist *mein* Partner, *mein* Haus, *mein* Auto. Aber er weiß es nicht nur, er fühlt es. Jeder.

Solange wir das fühlen, so lange sind wir auf der relativen Ebene der Wahrheit. Wir können üben, um alles Dukkha loszuwerden. Aber ich warne noch einmal davor, diese beiden Ebenen zu vermischen und zu versuchen, das ad absurdum zu führen: «Wenn ich weiß, wie kann ich nicht existieren?»

Das geht einfach nicht. Da muss ein ganz anderes Verständnis kommen. Dass diese Ebene, auf der wir sind, zwar nutzbringend ist, um unseren Lebensunterhalt zu verdienen, aber auch für nichts weiter. Für Glück und Frieden ist sie nicht nutzbringend. Für Glück und Frieden ist sie genau das Gegenteil. Das Ich hat Schwierigkeiten. Es versucht, diese Schwierigkeiten irgendwie zu meistern, andere Leute mit hineinzuziehen, sich zu beschweren, zu beklagen, zu jammern, versucht alles Mögliche. Oder versucht, sich zu profilieren, wichtig zu sein. Das versucht es die ganze Zeit. Und hat recht wenig Glück und Frieden davon. Das ist auf der menschlichen Ebene nun einmal so.

Doch es muss nicht so bleiben. Man muss die Dinge so nehmen, wie sie sind. Aber man muss sie nicht so lassen. Und was wir von Kindheit an eigentlich gelernt haben, ist, dieses Ich auf irgendeiner Ebene zu befestigen. Auf der Ebene des Körpers. Ich bin dieser Körper, und der muss in Ordnung, jung, schön und gesund bleiben. Ein beliebter Versuch. Ist allerdings noch niemandem gelungen. Eine Ebene, die total hoffnungslos ist.

Und dann haben wir noch andere Ebenen. Wir sind, sagen wir mal «spirituell», und wollen uns beweisen als spirituell. Und dann funktioniert das nicht. Die Meditation funktioniert nicht. Dann sind wir unglücklich. Und warum sind wir unglücklich? Weil das Ich sich beweisen wollte, dass es spirituell ist und wirklich meditieren kann. Wenn es sich das nicht beweisen wollte, wäre es gar nicht unglücklich.

Es ist so, wie es ist. Und wir haben alle möglichen Ideen, wie wir dieses Ich da befestigen könnten. Wir haben die Möglichkeiten des Materialismus, was nicht nur Geld bedeutet. Geld ist nur ein Teil des Materialismus. Der Materialismus bedeutet auch Haben, Besitzen, Werden, Bekommen. Können und Wissen. Das ist alles Materialismus.

Also wir haben alle möglichen Ideen, wie wir am besten über die Runden kommen. Jeder hat es versucht. Die meisten versuchen es immer weiter. Aber es gibt andere Versuche. Es gibt einen Versuch, einmal der Ego-Illusion, der Ich-Illusion, auf die Schliche zu kommen. Einmal zu erkennen, dass all die Versuche, die wir machen und die wir immer schon gemacht haben, immer scheitern müssen. Weil wir das Ich, das Ego, nicht permanent befriedigen können. Hat es eine Befriedigung, kriegt es was Neues in den Kopf, möchte es was anderes.

Jetzt geht die Meditation schon einigermaßen, jetzt soll sie noch besser gehen. Oder: Jetzt ist sie besser gegangen, jetzt müssten doch ganz andere, phantastische Zustände kommen. Dann kommen andere Zustände: «Na, jetzt müsste ich doch eigentlich erleuchtet werden.» Da ist kein Ende abzusehen. Immer ist irgendwas. Und kann ich eine halbe Stunde sitzen, ohne dass mir was wehtut, dann muss ich doch unbedingt eine Dreiviertelstunde sitzen können. Und kann ich das, dann muss ich unbedingt eine Stunde sitzen. Das werde ich schon beweisen, dass ich das kann.

Und so weiter. Es ist ein hoffnungsloser Sport. Man kommt sich dabei vor, als würde man in einem Wettrennen mitmachen, wo das Ziel immer weiter rausrückt. Man kommt sowieso nicht hin. Und dennoch macht man ein Wettrennen. Und vielleicht hat man das noch nicht auf die Art und Weise gespürt.

Aber viele Menschen, die meisten, fühlen sich unter Druck. Jeder ist unter Druck. Das ist der Druck, den wir selber auf uns ausüben. Weil wir, haben wir eine Sache erledigt, die nächste machen müssen.

Der Buddha hat ganz deutlich gezeigt, dass das alles eine Illusion ist. Das ist eine Idee, die der Geist hat. Sie wird bestätigt durch unsere Umwelt und durch Hass und Gier. Hass und Gier sind einfach nur zwei Rubriken. Das bedeutet nicht, dass wir hass- oder giererfüllt sein müssen. Die Rubriken bedeuten einfach: Ich will haben, oder: Ich will loswerden. Ihre Grundlage ist die «Verblendung», das heißt die Ich-Illusion.

«Kein Leidender ist da»

Da gibt es einen Vers des Buddha, den ich mir aufgeschrieben habe, damit ich ihn endlich mal richtig zitiere:

«Das Leiden gibt es, doch kein Leidender ist da. Die Taten gibt es, doch kein Täter findet sich. Erlösung gibt es, doch nicht die erlöste Person. Den Pfad gibt es, doch keinen Wanderer sieht man da.»

Das ist eine Erklärung des Nicht-Ich, Nicht-Selbst. Und wenn wir uns jetzt einmal damit beschäftigen, wie man diesem Verständnis näher kommen kann, dann zum Beispiel der erste Satz:

Das Leiden gibt es, doch kein Leidender ist da.

Na da wird doch wohl jeder, der sich noch nicht damit beschäftigt hat, sagen: «Ja, aber ich leide doch.» Wem gehört denn das Leiden? Das ist eine falsche Frage. Wir haben Buddhas Erklärung gehört, dass wir aus den fünf Khandhas bestehen.

Da ist einmal der Körper. Den sieht jeder, den kann jeder anfassen. Damit haben wir keine Schwierigkeiten. Und die anderen vier gehören zum Geist. Ein vorprogrammierter Ablauf. Sinneskontakt, Gefühl, Wahrnehmen/Etikettieren, Reaktion.

Wir glauben natürlich und sind fest davon überzeugt, dass *ich* sehe, *ich* höre, *ich* rieche, *ich* schmecke usw., *ich* denke – vor allen Dingen der Satz ist ganz wichtig: «Ich denke, also bin ich. Bloß umgekehrt in Wirklichkeit: Ich bin, daher denke ich.» – Und wir glauben, dass das Ich ist.

Dann kommt das Gefühl. Und dann denken wir: «Ach, ich habe aber wirklich ein angenehmes Gefühl. Das ist ja herrlich. Das muss ich weiterverfolgen. Da muss ich dabeibleiben.» Das ist schon die Reaktion. Die Wahrnehmung geht irgendwie flöten dabei. Aber die Reaktion ist sofort da: «Ich will es haben. Was immer das angenehme Gefühl verursacht hat, das will ich haben.»

Und in all diesen Dingen, in dem Sinneskontakt, in dem Gefühl, in der Wahrnehmung und in der Reaktion ist Ich verankert. Ich glaube, das bin Ich. Das sollen wir einmal untersuchen, hat der Buddha als eine der ersten und wichtigsten Übungen erklärt: Wer sagt eigentlich Ich? Hat das Gefühl gesagt: «Ich gehöre dir»? Das Gefühl sagt gar nichts. Das ist einfach angenehm oder unangenehm. Hat die Wahrnehmung gesagt: «Ich bin dein»? Gar nichts hat sie gesagt. Sie hat gesagt: Schmerz. Und hat die Reaktion gesagt: «Ich reagiere»? Sie hat überhaupt nichts gesagt. Sie hat einfach reagiert. Ganz logisch, ganz einfach, nicht? Also, das ist ein ganz wichtiger Untersuchungspunkt. Wo kommt diese Idee her, dass da Ich was mache?

Da ist der Sinneskontakt. Da ist ein Gefühl. Da ist die Wahrnehmung. Und da ist die Reaktion. Nicht so schwierig, für einen intelligenten Menschen, dahinter zu kommen, dass da kein Ich ist.

Was bleibt dann? Dann kommt sofort: «Na, aber ich bin doch der Beobachter. Wer weiß denn das alles?» Und da bleiben viele, viele Menschen stecken, wollen nicht zugeben und aufgeben. Zugeben, dass ein Beobachter nichts anderes ist als Beobachten. Auch der Beobachter hat nicht gesagt: «Ich heiße Ich.» Oder: «Ich habe beobachtet.»

Was macht denn der Beobachter, wenn wir schlafen gehen? Stirbt er? Wird er am nächsten Morgen wieder geboren? Was macht denn der eigentlich? Was macht der Beobachter, wenn wir effektiv in die Vertiefungen können? Der Beobachter kann kein Ich haben zu der Zeit, denn dann können wir nicht in den Vertiefungen sein. Wenn wir in den Vertiefungen sind, da ist einfach die Art der Vertiefung, die zu der Zeit gekommen ist. Weiter gar nichts.

Daher ist es von größtem Vorteil, die Meditation so weit zu bekommen, dass die Vertiefungen stattfinden. Das bedeutet Zeit, Geduld, Übung und Hingabe. Durchhaltevermögen. Die Vertiefungen zeigen uns automatisch, dass wir nicht nur Sinneskontakte haben, sondern dass da etwas anderes in uns existiert.

Sinneskontakte

Bis dahin wissen wir nur von unseren Sinneskontakten. Und diese Sinneskontakte, von denen wir glauben, dass sie uns unsere Freude und unser Vergnügen liefern sollen, sind an sich dafür da, dass wir überleben können. Sie sind unser Überlebensmaterial und daher sehr wichtig. Sie sind ein Teil unseres Lebens, aber sie sind materiell, alle miteinander. Sie bilden nicht die Ebene, auf der wir etwas ganz Neues erleben können.

Wir müssen also, um überhaupt dieser Möglichkeit des Nicht-Ich näher zu kommen, den vorprogrammierten Ablauf (der geistigen Khandhas) einmal untersuchen – inklusive dem Beobachter. Und das werden wir in der Kontemplation auch tun, um zu sehen, wer da eigentlich «Ich» schreit.

Wir haben das aber schon so lange gemacht mit dem Ich und sind so verwurzelt darin, sehen unsere ganze Umwelt, die das Gleiche tut, dass es sehr schwierig ist, sich davon loszulösen. Selbst wenn wir uns intellektuell davon losgelöst haben, so kommt noch der nächste Punkt: Man muss sich auch gefühlsmäßig loslösen können. Und das braucht seine Zeit. Aber zuerst einmal muss man es intellektuell verstehen können.

Und wieso hat der Buddha dieses Nicht-Ich, diese Unpersönlichkeit, als die einzige Möglichkeit proklamiert, das Dukkha zu verlieren? Weil, wie wir ja schon öfter besprochen haben, das Ich ständig nach Bestätigung sucht. Was uns schon darauf bringen sollte, dass es gar nicht so eine Realität ist, wie wir glaubten. Denn braucht eine Realität ständig Bestätigung? Müssen wir ständig durch dieses Haus laufen und bestätigen, das ist ein Haus, das ist ein großes Haus, das ist ein schönes Haus, das ist ein komfortables Haus, das ist ein hässliches Haus? Das ist überhaupt nicht nötig. Das Haus steht da. Keiner kommt auf die Idee, so etwas zu tun. Doch unser Ich möchte andauernd bestätigt werden. Irgendjemand soll sich kümmern. Irgendjemand soll Zuwendung bringen, möglichst uns lieben, anerkennen, loben. Irgendjemand soll da sein, der uns bestätigt, dass wir auch da sind. Was am besten natürlich durch Unterhaltung geschieht.

Aber wenn wir so wie hier beim Noblen Schweigen keine Unterhaltung haben, dann machen wir es durch

Denken. Eigene Unterhaltung. Eigene Phantasie. Überhaupt kein Problem. Kann jeder. Und machen wir auch. Immer wieder brauchen wir diese Unterstützung. Und wenn wir sie nicht bekommen, wenn einmal jemand überhaupt keine Ego-Unterstützung gibt aus irgendeinem Grund, dann werden wir recht ärgerlich oder deprimiert. Oder wir denken, dass dieser Mensch an unserem ganzen Unglück schuld ist.

Wenn wir das alles einmal in Betracht ziehen und uns klar wird, dass wir das alles schon gemacht und kein inneres Glück, keinen Frieden gefunden haben, dann verstehen wir auch, warum wir diese Illusionen untersuchen sollen. Glauben wir immer noch, auf der Welt etwas ausrichten zu können, wenn wir es nur ein bisschen gescheiter anfassen? «Das nächste Mal machen wir es besser. Wir haben Fehler gemacht. Jeder Mensch macht Fehler. Gehört mit zum Menschsein. Und jetzt haben wir aber gelernt», reden wir uns ein. «Jetzt werden wir uns nicht mehr so in einer Partnerschaft verstricken, sondern werden ganz bei uns bleiben und immer lieb und freundlich sein. Wir werden uns überhaupt nicht ärgern, wenn der andere nicht so macht, wie wir wollen. Wir werden uns über den Chef nicht ärgern und ihn machen lassen, wie er will. Wir werden uns nicht darüber ärgern, wenn uns jemand etwas wegnimmt. Wir werden nur immer Gelassenheit haben.»

Also wir nehmen uns vor, dass wir nun wirklich Bescheid wissen. Dann brauchen wir diese Ich-Illusion nicht zu untersuchen. Dann müssen wir erst noch diesen Weg durchgehen und da wieder erkennen, dass er wieder nicht funktioniert: «Also vielleicht sollte ich doch tun, was der Buddha gesagt hat.» Oder wir können es auch gleich tun. Dann brauchen wir nicht alles noch einmal versuchen. Wir können gleich das Ich durchschauen.

Zunächst einmal auf der intellektuellen Grundlage. Das

gehört dazu. Es ist unumgänglich nötig, erst einmal zu verstehen: Wir sind hier in allen Menschenleben in einer solchen Illusion verfangen, dass es einfach nicht möglich ist, auf der Ebene vollkommen zufrieden und glücklich zu sein. Ja, wir sind zwischendurch glücklich. Nur es bleibt nicht bestehen.

Es heißt auch nicht, dass wir keine angenehmen Sinneskontakte haben sollen oder dann keine mehr bekommen werden. Es heißt etwas anderes. Wir wissen, wenn wir diese Schwierigkeiten durchschaut haben, dass Sinneskontakte einfach Sinneskontakte sind. Dass ein Kontakt nicht bleiben kann. Dass wir nicht ständig etwas sehen, hören, riechen, schmecken, auch nicht ständig etwas berühren und denken können. Dass alles nur momentan sein kann.

Wenn es ständig ist, wird es nämlich Dukkha. Dann ist überhaupt kein Vergnügen mehr dabei. Und da wir das wissen, so ist ein angenehmer Sinneskontakt ein Grund zur Dankbarkeit, aber kein Grund, ihn wiederhaben zu wollen. Und das ist ein Riesenunterschied. Muss man lernen. Jeder angenehme Sinneskontakt ist ein Grund zur Dankbarkeit. Gutes Essen, liebe Freunde, eine gute Meditation. Dankbarkeit. Aber nicht: «Ich will es behalten» oder «Ich will es wiederhaben». Und im Moment, wo ich weder behalten noch wiederhaben will, habe ich eine reine Sinnesbefriedigung bekommen ohne Gier. Und da ist die Befriedigung um vieles, vieles größer.

Es passiert häufig einmal in einem Meditationskurs, dass jemand erzählt, wie er herausgegangen ist aus der Meditationshalle nach der Meditation und auf den Rasen geschaut hat. «Und plötzlich war das Grün viel grüner.» Es war gar nicht grüner. Er hat nur in dem Moment nicht unbedingt einen angenehmen Sinneskontakt gesucht. Und da war alles viel klarer. Das passiert sehr häufig. Das bleibt leider nicht. Das muss man üben. Man muss es immer, immer wieder üben. Die angenehmen Sinneskontakte als Grund zur Dankbarkeit sehen. Nichts behalten wollen. Nichts wiederhaben wollen. Die Erfahrungen kommen sowieso wieder.

Und die unangenehmen Sinneskontakte sind kein Grund zum Hass, kein Grund zur Ablehnung. Kein Grund zum Unglücklichsein, wenn die Meditation nicht funktioniert, weil das Bein wehtut. Unangenehme Sinneskontakte sind kein Grund zum Unglücklichsein. Sie sind einfach und allein ein Lernprozess für Gleichmut und Gelassenheit.

Und wenn wir Gleichmut und Gelassenheit aus den unangenehmen Dingen lernen, dann können wir natürlich auch Gleichmut und Gelassenheit für die angenehmen Dinge haben. Und dann wird allmählich der innere Frieden unzerstörbar. Dann ist er nicht mehr abhängig von dem, was von außen auf uns zukommt.

Üben, üben

Alles schön und gut, aber man muss es lernen. Und man kann es nur lernen, wenn man es übt. Und wenn man das tagtäglich vergisst und nicht übt, dann lernt man es nicht. Und wieso tagtäglich von morgens bis abends? Weil wir von morgens bis abends das Gleiche machen. Der vorprogrammierte Ablauf der vier geistigen Khandhas ist ständig da. Und das zu üben ist eine ständige Aufgabe. Es wird manchmal vergessen, das ist klar. Dass es sehr oft nicht funktioniert, ist auch klar. Aber wenigstens müssen wir uns mal ab und zu erinnern: «Ich wollte ja eigentlich üben.»

Der Tag hat 24 Stunden, wovon wir vielleicht sieben Stunden schlafen. Da bleiben noch siebzehn Stunden. Jetzt sind wir nun ganz erfahrene Meditierende und meditieren eine Stunde morgens und eine Stunde abends. Da bleiben fünfzehn Stunden. Fünfzehn Stunden ohne jegliche Übung – das kann der Meditation keine Grundlage geben. Die zwei Stunden auf dem Kissen können nicht die fünfzehn Stunden von Nichtüben aufwiegen. Fünfzehn Stunden üben bedeutet, dass wir uns erinnern, was in uns vorgeht, und wie wir reagieren, und dass das meiste davon unnötig ist. Nun wird oft gesagt, und das stimmt auch, dass man im täglichen Leben, in der Hitze des Gefechts nicht dazu kommt, sich daran zu erinnern. Einen tiefen Atemzug nehmen und noch mal von vorne anfangen. Es kann gar nicht so eilig sein, dass man sich nicht überlegen kann: «Wie kann ich das am besten im Sinne des Dhamma bewerkstelligen?»

Was ist eigentlich die Eile, die wir alle haben? Die Amerikaner sagen dazu: «Time is money.» Aber das sagen wir doch hoffentlich nicht. Die Eile, die wir haben, ist totaler Unsinn. Wo eilen wir denn alle hin? Alle auf dem Weg zum Friedhof. Und die meisten von uns haben keine Eile, da hinzukommen. Also wozu sich beeilen? Tiefen Atemzug nehmen mitten bei allem, was geschieht. Und noch mal von vorne anfangen. Was geschieht hier? Wie reagiere ich? Ist das nötig? Oder ist das wieder mal eine Reaktion auf das Angenehme oder Unangenehme? Möchte ich mal wieder das Angenehme haben und das Unangenehme loswerden? Und wenn das der Fall ist, dann sieht man ganz deutlich: Unnötig. Brauch ich nicht. Dann haben wir schon unseren vorprogrammierten Reaktionen Einhalt geboten.

Eines Tages lernen wir, noch einen Schritt weiter zu gehen: nämlich dass wir das unangenehme Gefühl als ein unangenehmes Gefühl erkennen oder das angenehme als ein angenehmes und weiter gar nichts mehr machen. Keine Wahrnehmung, keine Reaktion. Das ist möglich. Gefühl ist automatisch. Wahrnehmung und Reaktion finden im Geist statt. Das muss nicht sein. Aber das ist bedeutend schwieriger. Und das können wir lernen. Mal nicht reagieren. Mal nur sehen, was für ein Gefühl, und nicht weitergehen. Diese Möglichkeit des Nichtreagierens auf alles, was auf uns zukommt, ist eine solche Freiheit und gibt uns so viele Möglichkeiten, dass wir unsere Zeit und Energie freilegen für wichtigere Dinge. Im Allgemeinen verschwenden wir sie auf unser Reagieren. Die Untersuchung ist also: Was geschieht da im Geist? Dass der Körper nicht Ich ist, das haben wir bereits besprochen. Und intellektuell werden wahrscheinlich eine ganze Menge von euch dem auch zustimmen.

Jetzt kann man natürlich versuchen, ob man das auch spüren kann. Das ist viel schwieriger, das zu spüren. Wenn einem der Körper gerade wehtut, dann ist man geneigt zu sagen: «Ach, das bin ich ja gar nicht. Das ist unangenehm.» Aber das ist nur eine Ablehnung des unangenehmen Gefühls. Was man dabei machen muss, ist zu sehen, ob da wirklich eine Stabilität existiert, auf die wir uns verlassen können. Denn das ist ja das, was wir suchen, eine Stabilität, auf die wir uns verlassen können. Existiert die im Körper? Nachschauen.

Und wo schreit der Körper eigentlich: «Ich heiße Ich?» Wann hat er das je gesagt? Hat er sich je dazu bekannt, Ich zu heißen? Hat er sich je dazu bekannt, einen bestimmten Namen zu haben? Den er unumgänglich weiterbehalten muss? Oder ist da nichts anderes als ein ständig wechselndes Phänomen? Das ist die andere Untersuchung.

«Kein Täter findet sich»

Dann wird hier gesagt: «Die Taten gibt es, doch kein Täter findet sich.» Das ist dasselbe, was ich schon gesagt habe. Kein Beobachter. Es gibt Beobachten. Aber wer sagt: «Ich heiße Ich»? Und wieso glauben wir das andauernd? Und wieso sind wir derartig beschäftigt mit diesem Ich-Glauben, dass wir uns immer wieder irgendwelchen Raum schaffen wollen, wo sich das Ich dann komfortabel fühlt? Es funktioniert nicht. Es ist unpraktisch. Es bringt Leid. Aber wir machen es immer wieder. Immer wieder: Ich will das. Und dann glauben wir: «Das wird es sein.» Aber das ist es dann auch nicht. Wir sehen es um uns herum. Die ganze Welt macht es. Wir sagen dazu, dass das Dhamma 180 Grad in die entgegengesetzte Richtung geht von dem, was die Welt macht.

Das soll nicht bedeuten, dass, wenn man das Dhamma praktiziert, man nicht in der Welt leben kann. Im Gegenteil. Ohne Mich ist das Leben ganz einfach. Man kann viel besser in der Welt leben. Das funktioniert alles ganz einfach. Weil man keine Resultate sucht. Es ist einfach etwas zu tun, und man tut es. Das Resultatdenken ist das Schwierigste und Unangenehmste, was wir haben. Stört vollkommen die Meditation, wie wir vielleicht inzwischen teilweise gemerkt haben. Wenn ich etwas haben will in der Meditation, bekomme ich es bestimmt nicht. Es gibt nur eines, und das ist da sein.

Und wenn ich versuche, meine Zukunft zu sichern, oder sogar noch absurder, meine Vergangenheit zu ändern, was überhaupt keiner kann, dann bin ich mit Dukkha belastet. Die Zukunft, wer kann die sichern? Das ist unmöglich. Also Probleme. Probleme über Probleme. Alle miteinander total unnötig.

Daher können wir einmal sehen, ob wir das effektiv innerlich spüren können, dass alles geschieht in uns. Aber nichts hat gesagt: «Ich heiße Ich.» Und nichts davon gehört uns ganz allein. Wir sind alle abhängig voneinander und beeinflussen uns gegenseitig.

Unsere Quantenphysik hat uns schon vor Jahren mitgeteilt, dass es überhaupt keinen Beobachter gibt, sondern nur Teilnehmer. Wir sind alle Teilnehmer von dem, was geschieht. Nichts davon gehört uns selber. Alles ist in einem ewigen Fluss und ist beweglich. Und alles andere, was um uns herum ist, beeinflusst uns, und wir beeinflussen es.

Und wenn wir uns das vor Augen führen können, wie wir beeinflusst werden und wie wir auch beeinflussen, wird es uns vielleicht auch etwas leichter fallen zu erkennen, dass wir hier einer Illusion verfallen sind, die uns das Leben derartig erschwert, dass wir aus der menschlichen Problematik mit dieser Illusion nie herauskommen. Wir müssen uns auf eine andere Ebene begeben.

In der Welt, im täglichen Leben, macht man alles so, wie es nötig ist, aber erkennt, dass das nur eine Ebene ist. Eine einzige Ebene, auf der wir nicht zu bleiben brauchen. Und wenn wir etwas aus der Vogelperspektive betrachten, also von oben herunter, so sieht es doch ganz anders aus. Oder vielleicht, wenn man im Flugzeug sitzt und herunterschaut. Sieht das nicht alles aus wie Spielzeug? Da fährt vielleicht ein Zug. Sieht doch aus wie ein Spielzeugzug. Und dann sind da Autos. Menschen kann man gar nicht erkennen, so winzig klein sind die. Und Häuser. Und in jedem Haus ist vielleicht eine Familie. Und in jeder Familie – kann man nur hoffen – herrscht Frieden. Aber wir wissen es besser. Da ist Spannung. Und warum? Es ist *mein* Haus, *meine* Familie.

Wenn man so aus dem Flugzeug herunterschaut, sieht das alles nicht nur so aus wie Spielzeug, sondern auch nicht sehr wichtig. Doch der da runterschaut, der kommt sich wichtig vor. Dabei wohnt er auch unten in einem dunklen Haus. Die ganze Sache stimmt irgendwie nicht. Irgendetwas passt nicht zusammen. Ich habe schon oft aus dem Flugzeug heruntergeschaut. Das ist ganz ulkig. Ich will nicht das Flugzeugfliegen irgendwie anpreisen. Ich halte es für eine große Bürde. Aber es ist nicht uninteressant.

Da gibt es noch einen weiteren Aspekt. Das Flugzeug

geht in die Höhe. Man sieht von diesen kleinen Häuschen nichts mehr. Was sieht man? Nur Wolken. Dann kommt man durch die Wolken. Und dann bricht das Flugzeug durch die Wolken durch, und man ist im freien Himmel.

Da gibt es nichts zu sehen. Da ist nichts, was man gerne haben oder ablehnen kann. Da ist einfach freier Himmel. Und wir können einen Geist, der nicht mehr mit Ich und Ich-Problemen beschäftigt und behaftet ist, mit diesem freien Himmel vergleichen. Und es ist ein Gefühl der absoluten Freiheit.

Im Flugzeug sitzt man ja innen drin, hat eine Wand um sich herum und schaut nur durch ein Fenster. Aber wenn man es in sich verspürt, ohne eine Wand, dann ist es die Freiheit, von der der Buddha gesprochen hat.

Und dann, um den Rest dieses Verses zu erwähnen:

«Da ist der Pfad, aber keiner, der ihn beschreitet.»

Also nur üben, nur praktizieren auf der relativen Ebene. Jeder übt für sich. Aber auf der absoluten Ebene ist nur der Pfad zu begehen. Und dann ist die Freiheit. Die Erlösung aber kann niemals eine Person bekommen. Gegen den Wunsch nach Erlösung, den Wunsch, alle Wünsche loszuwerden, ist nichts einzuwenden. Den hat man, solange man noch Wünsche hat. Das ist in Ordnung. Aber man muss sich von Anfang an klar sein, dass derjenige, der diesen Wunsch verwirklichen kann, niemals derjenige sein kann, der den Wunsch hat. Denn derjenige, der den Wunsch hat, sagt: «Ich möchte gerne.» Und derjenige, der den Wunsch verwirklichen kann, der hat das Ich aufgegeben.

Doch die Freiheit ist totale Freiheit, absolute Freiheit.

Da ist keine Angst. Da ist gar nichts. Denn wenn niemand in einem drin hockt, wer sollte da Angst haben? Es ist ganz wichtig, da innen mal reinzuschauen. Wer hockt denn da eigentlich?

KONTEMPLATION VI:

Das Ich suchen

Bevor wir die Kontemplation beginnen, möchte ich noch einen Fehlgedanken erwähnen, der häufig zum Ausdruck gebracht wird. Und zwar, dass wir unser Ego und unser Ich unterdrücken müssen. Wer macht denn irgendwas mit dem Ego? Das ist ja selber Ich, der das macht. Also da kämpft dann Ich gegen Ich. Das nutzt überhaupt nichts. Im Gegenteil. Das bringt noch mehr Unruhe ins Leben. Die einzige Möglichkeit, diesem Ich auf die Schliche zu kommen, ist Einsicht. Hinter die Kulissen zu schauen, das ist der Weg des Buddha.

Wir wollen einmal von Kopf bis Fuß durch unseren Körper gehen. An die Stellen, die wir besonders spüren, so dass wir genau wissen: Hier ist mein Körper. Auch die Grenzen des Körpers betrachten und sagen: So weit reicht mein Körper. Und dann in diesen Körper hineingehen. Sozusagen in die Mitte des Körpers. Und mal nachschauen, ob irgendwo etwas erscheint, das sagt: «Dieser Körper bin ich.» Oder kann ich nachempfinden, dass hier einfach nur ein Körper sitzt? Von einer gewissen Größe und Breite, mit gewissen Empfindungen, Berührungskontakten, Wärme oder Kälte? Und dass da nirgends irgendetwas ist, das je gesagt hat: «Das bin ich.» Außer unser eigener Geist. Der hat in den Spiegel geschaut und hat gesagt: «Das bin ich.»

Und uns daran erinnern, wie veränderlich dieser Körper ist. Wie wir also, wenn das wirklich Ich sein sollte, schon Hunderte und Aberhunderte von Ichs waren in diesem Leben. Wir haben schon so anders ausgesehen und so anders empfunden. Kann das stimmen?

Wir können noch einmal den Körper von Kopf bis Fuß durchgehen und schauen, ob da irgendwo eine Tatsache zu finden ist, die auf Ich oder Mein hindeutet. Oder ob diese Tatsache nicht einfach ist: ein Körper.

Und jetzt wollen wir den Beobachter, der diesen Körper wahrnimmt und versucht, hinter die Ich-Illusion zu schauen, einmal befragen, ob er Ich heißt. Oder ob er einfach nur beobachtet. Hat dieser Beobachter je behauptet, Ich zu heißen? Oder haben wir uns das ausgedacht? Und gleichzeitig erkennen, dass dieser Beobachter auch kommt und geht. Manchmal ist er überhaupt nicht da. Wo geht er eigentlich hin, wo kommt er her?

Und jetzt wollen wir zu einem Sinneskontakt gehen. Das könnte der Berührungskontakt sein beim Sitzen. Es könnte auch der Hörkontakt sein, oder Denken. Wir können es uns aussuchen. Und einmal feststellen, dass wir natürlich glauben: Ich sitze. Ich berühre. Ich denke. Ich höre. Wieso? Wie sind wir darauf gekommen? Ist bei dem Berührungskontakt irgendetwas, was sich Ich nennen kann? Desgleichen bei den anderen Sinneskontakten. Und man kann sich auch einmal die anderen Sinneskontakte, die wir haben, Sehen und Schmecken und Riechen, vorstellen. Denn wir haben sie schon Tausende von Malen gehabt. Wo steckt das Ich? Haben wir es hineingesteckt, oder ist es wirklich da drin?

Und jetzt wollen wir das Gefühl untersuchen, ein gerade vorhandenes unangenehmes oder angenehmes Gefühl. Ist es Ich? Können wir behaupten, dass es uns gehört? Dann würden wir es doch, wenn es angenehm ist, nicht wieder abgeben. Und das Unangenehme überhaupt nicht zulassen. Wie können wir also behaupten, es ist mein? Können wir ein Gefühl dafür bekommen, dass es einfach ist?

Wir wollen einmal in unsere Emotionen hineinschauen und fragen, wieso wir uns damit identifizieren, wieso wir nicht einfach die Emotionen Emotionen sein lassen.

Und jetzt wollen wir uns unsere Wahrnehmungen vornehmen. Die Wahrnehmung gleicht einem Etikett. Wo wir zum Beispiel sagen: «Das ist der Himmel» oder: «Dieser Mensch ist hübsch oder hässlich». Die Wahrnehmung: «Das schmeckt gut.» Alle Wahrnehmungen, die wir uns vorstellen können. Wann hat eine Wahrnehmung sich je gemeldet und gesagt: «Ich gehöre dir. Ich bin dein. Ich heiße Ich.» Können wir ein Gefühl dafür bekommen, dass eine Wahrnehmung einfach eine Wahrnehmung ist? Sie gehört mit zu unserem Programm des Menschseins, des täglichen Lebens. Aber wir müssen nicht identifiziert damit sein. Können wir Abstand nehmen und neutral beobachten? Und feststellen, dass niemand und nichts uns dazu zwingt zu glauben: «Das ist meines, das bin ich.»

Und jetzt wollen wir unsere Reaktionen, unsere Gedankenformationen anschauen. Bei der Wahrnehmung «Das schmeckt gut» ist die Reaktion meist: «Ich möchte mehr haben.» Oder: «Das tut weh» als Wahrnehmung. Reaktion: «Ich möchte weg davon.» Die Reaktionen oder auch die Ideen, wie was zu machen wäre, wie wir alles besser und schöner machen könnten. Nichts falsch damit. Aber wieso glauben wir, dass diese Ideen Ich heißen, mir gehören? Können wir erkennen, dass sie kommen und gehen?

Sinneskontakte, Gefühle und Emotionen, Wahrnehmungen, Gedanken und Reaktionen, alle kommen und gehen. Und dennoch glauben wir, dass das Ich die ganze Zeit vorhanden ist?

Wir wollen jetzt einmal versuchen, die Idee des Ich, oder des Selbst, des Ego, wie immer wir das nennen wollen, an uns abgleiten zu lassen. Es nicht mehr festzuhalten, sondern es ganz sanft und sachte loszulassen. Die Idee gleitet an uns herab und verflüchtigt sich. Zerfällt wie jede Idee, der man nicht nachläuft.

Und nun wollen wir versuchen etwas festzustellen: Wenn sich wirklich weder im Körper noch im Geist ein Ich befindet, wenn da nur Phänomene sind, die entstanden sind und wieder vergehen, können wir dann das Gefühl bekommen, eine Bürde loszulassen? Nichts ist zu beweisen. Nichts ist zu erledigen. Es ist schon alles erledigt. Wir haben es nur noch nicht gemerkt. Wir wollen das einmal nachvollziehen. Was das für uns bedeuten könnte, wenn wir so empfinden würden.

8

Im Alltag üben

Ich möchte mich noch einmal ganz herzlich für die Karten und Briefe bedanken, die ich inzwischen wieder bekommen habe. Aus ihnen wird deutlich, dass jeder versucht hat, in sich hineinzugehen. Und das ist der einzige Weg. Was die anderen Menschen da draußen machen, ist ja alles sehr interessant, aber es ist nichts anderes als ein Film und Theaterstück. Das ist der Fehler, der immer wieder gemacht wird, auch auf der spirituellen Ebene, dass man nach außen schaut. Was kann ich da außen erledigen? Vielleicht sollte ich diesem oder jenem Menschen etwas Gutes tun? Aber ohne in mich gegangen zu sein, ist das alles sinnlos. Und das ist das Schöne, dass jeder sich bemüht hat, innen mehr zu erkennen als vorher. Dadurch wird dieser Weg auch anerkannt als etwas, was dem Leben einen tieferen Sinn gibt. Ein wunderbares Resultat und das Schönste, was uns passieren kann.

Alles aus Liebe zum Dhamma …

Ich möchte mich auch bei meinen Schülern bedanken. Ohne die Hilfe meiner langjährigen Schüler könnte ich jetzt die Kurse nicht mehr geben. Erstens mal aus Kraftgründen und außerdem wegen der Menge der Kursteilnehmer. Es ist nicht einfach, einen Kurs für so viele Menschen zu arrangieren, der dann auch wirklich ein

Meditationskurs wird, der meditativ und kontemplativ so abläuft, dass jeder, der will, sich dem Ablauf hingeben kann und immer wieder einen neuen Zugang bekommen kann durch die Kontemplation.

Wir machen das ja nur aus einem einzigen Grund. Nicht weil wir sonst nichts zu tun hätten oder weil wir glauben, dass dabei irgendwas zu gewinnen wäre. Sondern weil wir tief innerlich davon überzeugt sind, dass es nichts Höheres gibt als das Dhamma des Buddha, die absolute Wahrheit. Und dass es für uns in diesem Leben nichts Höheres gibt als zu versuchen, es den Menschen, die es wissen wollen, zu vermitteln. Nur denen, die es wissen wollen. Die es nicht wissen wollen, kommen sowieso nicht.

Doch diese Vermittlung geschieht nicht nur auf der zwischenmenschlichen Ebene, in den Vorträgen, Erklärungen, Interviews etc. Dazu gehört noch so viel mehr. Anmelden, abmelden, Einzelzimmer, Doppelzimmer, mit Dusche, nein, nicht vorhanden, komme nicht, ach, komme doch. Nicht einmal, hundertsechzig Mal. Allein das schon! Wir wissen, es gehört dazu. Und wenn wir mal einen Seufzer von uns geben, so halten wir das für ganz berechtigt. Jeder darf mal jammern. Aber wir machen es aus Liebe. Aus Liebe zum Dhamma, was die Hauptsache dabei ist. Und aus Liebe, die wir uns anerzogen haben, für jeden, der fragt. So dass wir beglückt sind. Auch wenn es manchmal nicht einfach ist, sind wir dennoch beglückt.

Das ist meiner Ansicht nach der wichtigste Punkt, den man durch das Praktizieren des Dhamma erlebt. Beglückt sein, auch wenn es nicht einfach ist. Es ist ganz egal, was passiert. Dennoch beglückt sein. Und wenn irgendeiner behaupten will, bei ihm wäre alles einfach, dann hat er nicht aufgepasst. Es gibt keinen, bei dem alles einfach ist. Aber dann auch noch beglückt sein. Und das kann man nur, wenn man so eine tiefe innerliche Liebe hat, die einen vollkommen durchdringt.

Da erinnere ich mich immer an ein Bild, das ich in Amerika gesehen habe. Bei einem Spendenaufruf für ein Kinderdorf ist da ein größerer Junge abgebildet, der einen kleinen auf seinen Schultern trägt. Und darunter steht: «Ist dir der nicht zu schwer?» Und die Antwort von dem größeren ist: «Nein, das ist doch mein Bruder.» Und das ist das Gefühl: Es ist nicht zu schwer. Es sind ja Brüder und Schwestern. Und daher das Beglückende, auch wenn es schwierig ist.

Ich habe das noch selten so zum Ausdruck gebracht. Es ist mir gerade in diesem Kurs besonders aufgefallen, weil ich mich nicht so gut fühle – wie wichtig die allgemeine Unterstützung ist, die eben von denen kommt, die praktizieren. Und wie unmöglich es für mich wäre weiterzulehren, wenn ich nicht die Hilfe hätte von denen, die genauso das Dhamma lieben, wie ich es liebe. Und diese Unterstützung und diese Arbeit sind das Beglückende. Es gibt keine andere Arbeit, die einen derart beglücken kann.

Ich nehme an, dass jeder irgendeine Arbeit verrichtet, und wenn es auch nur zu Hause das Fußbodenwischen ist. Das ist ja auch Arbeit. Beglückt zu sein von der Arbeit, die man verrichtet, bedeutet, dass man sie innig liebt. Anders geht es nicht. Und da kann man sich mal überlegen: «Liebe ich das, was ich tue, oder will ich was dafür haben?» Was zu bekommen oder mich in Liebe zu geben? Das ist der ganze Unterschied.

Auf der relativen Ebene übe «ich»

Wir wollen jetzt darüber sprechen, was wir in dem auf uns zukommenden Alltag unternehmen können, sollten, werden. Jetzt sieht man diesen Kurs aus dem Alltag herausgerissen als etwas Besonderes. Das stimmt. Aber um ihn wirklich zu verwerten, müssen wir ihn auch in den Alltag mit hineinnehmen. Und da haben wir bedeutsame Hilfsmittel, von denen ich bereits gesprochen habe. Zunächst möchte noch einmal ganz deutlich machen: Es ist nicht zu erwarten, dass man innerhalb von acht Tagen das Nicht-Ich erkennt. Das wäre vollkommen unrealistisch. Man muss sich vor dem Fehler hüten, die relative Wahrheit des Ich, das da sitzt, mit der absoluten Wahrheit zu vermengen. Das lässt sich nicht zusammenverrühren. Und ich weise ganz bewusst darauf hin, weil es immer wieder versucht wird. Wer sitzt hier? Wer bemüht sich? Na Ich natürlich.

So werden wir übrigens wiedergeboren. Weil das Bewusstsein, mit dem wir in den Tod gehen, das Ichbewusstsein ist – ich sterbe –, muss ich ja wohl wiederkommen. Denn das Ichbewusstsein kann man nicht erschlagen. Das kann man nur loslassen.

Die Übung liegt auf der relativen Ebene. Und da liegt auch der Alltag. Auf der relativen Ebene, wo «ich» frühmorgens aufstehe und beglückt bin, dass ich einen neuen Tag habe, an dem ich üben, praktizieren kann. Nicht herumschauen, wer was wo ist, sondern hineinschauen, wer was wo ist und kann. Die Übung des Alltags kann nur auf der relativen Ebene liegen. Denn sollten wir einmal bei der absoluten Ebene gelandet sein, dann brauchen wir nicht mehr zu üben. Der Buddha hat all diejenigen, die seinen Anweisungen gefolgt sind und folgen wollten, sekas genannt, das sind Übende. Den Erleuchteten bezeichnete er als einen aseka, einen Nichtübenden. Wir sind Übende auf der relativen Ebene.

Was vom Üben abhält

Doch da gibt es Gründe, die uns davon abhalten zu üben. Einer davon ist Vergessen. Jetzt im Moment glaubt keiner, dass er das vergisst. «Ist doch unmöglich. Nun habe ich es so oft gehört. Da weiß ich es doch.» Na, sprechen wir uns nächste Woche mal wieder. Nächsten Samstag. Wenn es gut geht, übernächsten. Der menschliche Geist ist zum Vergessen gemacht. Das hat seine guten Seiten. Denn wenn wir das ganze Dukkha, was wir in diesem und in vergangenen Leben erlebt haben, nicht vergessen würden, wären wir sehr deprimiert. Es leiden schon genug Menschen unter Depressionen, häufig unberechtigterweise. Sollten wir aber nicht vergessen können, hätten wir berechtigte Depressionen. Wenn wir also merken, dass wir das Üben vergessen haben, das ist der Moment, wo wir wieder üben können.

Und was bedeutet Üben im Alltag? Es ist vor allen Dingen die Unterstützung, der beste Freund, den wir haben, die Achtsamkeit. Wenn wir nicht auf uns selber aufpassen, können wir nicht üben. Da gibt es nichts zu üben. Was sollen wir üben? Was mit dem anderen los ist? Der andere soll uns lieben, soll uns anerkennen, soll uns bestätigen. Na, wie soll man das üben? Das können wir doch nicht machen. Obwohl wir immer dabei sind, so etwas zu tun. Absurd, nicht?

Oder aber wir wollen unserem Dukkha entkommen. Jeder will das. Und eine Art, ihm zu entkommen, ist, sich um andere zu kümmern. Die berühmten «Kümmerer». Ist wahrscheinlich auch schon jedem passiert. Da kann man nur die Zähne zusammenbeißen und hoffen, dass es schnell vorbeigeht. Und man weiß, dass der andere seinem Dukkha entkommen will. Weil er nicht an sein eigenes Dukkha denken will, denkt er an das Dukkha von anderen. Katastrophe! Aber das wird sehr viel praktiziert.

Ja, wir haben uns alle solche Dinge ausgedacht. Und dann glauben wir noch, und das ist das Schlimmste dabei, dass das spirituell ist. Dabei wissen wir gar nicht, was spirituell ist. Das müssen wir jetzt im Alltag mal ganz klar kriegen. Was bedeutet Spiritualität? Spiritualität bedeutet ganz einfach die Läuterung vom eigenen Herz und Geist. Und was ist nicht geläutert? Jede negative Emotion und jeder negative Gedanke ist nicht geläutert.

Nun können wir uns mit Recht Übende nennen, wenn wir das erst mal erkennen. Und wie macht man das? Mit Achtsamkeit. Wir erkennen, dass wir eine negative Emotion hatten. Die negativen Emotionen sind nicht immer Hass. Sie sind sozusagen aufgeteilt. Im Allgemeinen fünfzig zu fünfzig zwischen Hass und Gier. Und die bedingen sich gegenseitig. Gier, bei den Emotionen besonders stark vertreten: «Ich möchte was haben.» Hass: «Ich bekomme es nicht.» Und dann lebt man mit diesen Emotionen. An sich ein heller Wahnsinn. Und wenn man erst mal damit angefangen hat, wie ja jeder, und keiner macht einen darauf aufmerksam, sondern man redet sich ein, dass die Spiritualität irgendwo im Himmel oder in irgendwelchen außerirdischen Dingen liegt, dann kommt man nie darauf, dass man was unternehmen müsste.

Die unheilsamen und die heilsamen Wurzeln

Wir werden mit Hass, Gier und Verblendung geboren. Es sind unsere drei unheilsamen Wurzeln, mulas. Mit Verblendung ist die Ich-Illusion gemeint. Diese Ich-Illusion produziert die Begierden. Und die Begierden, die nicht erfüllt werden, produzieren Hass. Man kann den Hass auch Ärger, Übelwollen, Aufruhr oder Unruhe nennen.

Wir haben aber auch die drei gegensätzlichen Wurzeln, die heilsamen. Das Heilsame, dem Hass gegenübergestellt, ist die unpersönliche Liebe. Die Liebe, die im Herzen wohnt und keinen Anlass braucht. Als Gegenstück zur Begierde haben wir unsere Gebefreudigkeit und Großzügigkeit, unsere Fähigkeit der Hingabe. Und statt der Verblendung haben wir die Weisheit – erkanntes Erleben. Wenn wir das, was wir erleben, auf eine Weise erkennen, wie wir es vorher nicht erkannt haben, so dass der Geist sagt: «Aha, so sieht das aus.» Im «Aha»-Moment weiß der Geist ganz genau, jetzt hat er Neuland betreten.

Lernsituation Beziehung

Zum Üben der Achtsamkeit bieten sich vor allem die zwischenmenschlichen Beziehungen an, denn die sind im Alltag die größte Herausforderung. Eine wunderbare Lernsituation. Wir sind alle äußerst intelligent. Wir erkennen also, was mit dem anderen los ist. Und da uns das nicht so besonders gefällt, haben wir natürlich Ablehnung, Kritik, Beurteilung und Verurteilung. Das können wir uns anschauen und dann – umändern.

Das Erste und Einfachste, in was es umzuändern ist, ist Mitgefühl. Und das fängt bei uns selbst an. Das Mitgefühl kann sagen: «Na ja, auch nicht erleuchtet.» Wir sind nicht erleuchtet. Der andere ist nicht erleuchtet. Na und, was kann noch falsch gehen? Das ist viel einfacher, als sich einzureden: «Ich liebe die ganze Welt.» Mir fällt dazu immer diese entzückende Postkarte ein mit der kleinen Maus darauf, die sagt: «Ich liebe die ganze Welt.» Und im Hintergrund steht ein riesengroßer Kater. Und der sagt: «Ich bin die ganze Welt.»

Das ist einfach, mit dem Mitgefühl für sich selber: nicht erleuchtet, der andere auch nicht erleuchtet. «Hoffentlich übt er.»

Dann stellt man fest: «Übt gar nicht.» Jetzt in keinem

Fall Missionsarbeit leisten. «Da musst du mal hingehen. Da kannste was lernen.» Da hat man schon einen Freund verloren. All das funktioniert nicht. Die beste und einzig wertvolle Missionsarbeit ist ein persönliches Beispiel. Und wenn der andere es nicht merken sollte, dann ist das auch in Ordnung.

Es ist also viel einfacher, erst mal Mitgefühl hochkommen zu lassen für die anderen Menschen, als sich einzureden: «Ich soll ja alle Welt lieben, na jetzt werde ich den auch lieben.» Mit zusammengebissenen Zähnen. Das wird auch öfter probiert. Es geht einfach nicht. Die Emotionen funktionieren so nicht. Dazu der Ausspruch einer meiner wichtigen Lehrer. Der ehrwürdige Nyanaponika pflegte zu sagen: «Das Mögliche tun.» Er war sehr pragmatisch. Da, wo es möglich ist, anpacken. Und das Mögliche tun bedeutet vor allem, immer wieder auf sich selbst aufpassen.

Die Grundlagen der Achtsamkeit

Die Achtsamkeit hat vier Möglichkeiten – Grundlagen der Achtsamkeit – und wir sollten sie alle vier benutzen.

Die Achtsamkeit auf die Körperhandlungen spart viel Ärger, Kraft und Zeit. Wenn man zum Beispiel seine Autoschlüssel nicht suchen muss oder weiß, wo man seine Brille hingelegt hat. Wenn man sich genau an die einzelnen Schritte seines Vorgehens erinnern kann und sich nicht in irgendwelchen nebelhaften Gedanken und Emotionen verfängt. Doch Achtsamkeit erspart einem nicht nur viele Fehler. Sie ist vor allen Dingen beglückend. Denn während ich achtsam bin, kann ich weder Begierde noch Ärger haben.

Man braucht nicht immer zu überlegen: Was jetzt? Wenn man genau aufgepasst hat, weiß man, was jetzt zu tun ist. Da gibt es Berufe, wo Katastrophen passieren, wenn man nicht achtsam ist. Man denke zum Beispiel an einen Chirurgen. Aber auch Künstler haben sehr häufig starke Achtsamkeit. Weil sie sich ihrer Arbeit vollkommen hingeben müssen, um irgendetwas produzieren zu können. Diese für den Beruf nötige Achtsamkeit sollte man auf den ganzen Tagesablauf ausbreiten. Doch das ist nicht mühevoll. Das ist erleichternd. Als würde man eine Bürde von sich abwerfen. Die Bürde der Dinge, die man tun muss, von denen man sich sogar überfordert fühlt und die schwierig sind. Mit Achtsamkeit ist es ganz einfach. Doch egal, ob es leicht oder schwierig ist, Achtsamkeit ist der beste Freund, den wir haben. Er bringt uns sozusagen auf den Punkt.

Je weniger achtsam wir sind, desto weniger können wir meditieren. So einfach ist das. Die Atemmethode zum Beispiel heißt auf Pali anapanasati. Und sati ist Achtsamkeit. Achtsamkeit auf das Ein- und Ausatmen. Also wenn wir wirklich meditieren wollen, dann müssen wir auch am Tage achtsam sein. Und jedes Mal, wenn wir merken, wir haben die Achtsamkeit verloren, bedeutet es, dass wir sie wiedergefunden haben. Und wir werden sie verlieren. Der Geist will sich entfernen. Er will von dem Dukkha, das er kennt, nichts wissen, weil die Emotionen ihn stören. Und so geht er auf Reisen.

Darum hat er Schwierigkeiten mit dem Meditieren, weil er immer versucht, irgendwo hinzufliegen. Er versucht, sich zu entfernen. Aber was nutzt uns denn das? Wo will er denn hin? Es wäre doch bedeutend besser, wir würden nach innen gehen. Die Achtsamkeit geht nach innen.

Eine weitere Möglichkeit der Achtsamkeit ist, die Emotionen und Gedankeninhalte zu beobachten und zu etikettieren. Nicht nur in der Meditation. Sind sie heilsam, hilfreich, liebevoll? Sind sie zur Läuterung meiner selbst geeignet? Oder zum Gegenteil? Bin ich ständig auf der Flucht? Jede Flucht ist eine Sackgasse. Haben wir sie ausgekostet, müssen wir auf eine neue gehen. Das ist die normale Art und Weise für einen nichtgeübten Menschen zu leben. So lebt die Welt. Auf der Flucht vor dem Dukkha. Teilweise nur emotional, teilweise materiell. Aber auf der Flucht vor Dukkha, wohin? Es kommt doch sowieso wieder. Es ist ein ständiger Begleiter. Die Flucht nutzt uns überhaupt nichts. Die Flucht ist nur ein Versuch zu vergessen.

Da haben wir reichlich zu tun von morgens bis abends, in den zwischenmenschlichen Beziehungen eine neue Reaktion aufzubauen, die sich durch das Mitgefühl dann vielleicht auch in ein liebendes Gefühl ändern kann. Aber für alles ist es nötig, dass wir zuerst einmal für uns selber dieses Gefühl haben. Und da muss man sich mal befragen: «Liebe ich mich selber?» Und sehr häufig wäre die wahrheitsgetreue Antwort: «Nein, ich kenne mich zu gut.» Das ist aber kein Grund, nicht zu lieben. Eine Mutter kennt ihre Kinder auch gut. Und so reizend sind die auch nicht die ganze Zeit. Die Mutter liebt sie trotzdem. Und dieses Gefühl können wir für uns selber mal hochbringen. Denn wenn wir uns selber nicht lieben, werden wir nie jemand lieben. Dann können wir auch die Lehre des Buddha nicht so lieben, dass wir uns ihr hingeben können. Ohne Liebe geht es nicht. Es funktioniert einfach nicht. Es ist das Gefühl der Durchdringung des Ganzen mit der Wärme des Herzens. Und nicht, weil jemand anders liebenswert ist. Das ist einer der wichtigen Punkte, die wir in unseren zwischenmenschlichen Beziehungen täglich üben können.

Und noch einmal: Es ist ein Übungsweg. Nicht: «Ich müsste schon perfekt sein.» Wenn einer schon perfekt ist, braucht er nicht mehr zu üben. Dann hat er es hinter sich gebracht. Es darf sich keiner einreden, dass er es nicht kann, weil er nicht perfekt ist. Oder, dass er schon perfekt sein müsste. Oder, dass er perfekt ist. Bloß nicht. Üben und immer wieder fragen: Wenn ich eine kleine Maus wäre, würde ich den großen Kater lieben? Ganz bestimmt nicht. Also wie macht man das? Immer wieder üben.

Die vierte Möglichkeit sind unsere Gemütsstimmungen. Die kann man sehr leicht gleich frühmorgens merken, wenn man aus dem Bett steigt. Hat man da gewohnheitsmäßig eine negative Gemütsstimmung? Und ist der Geist dann so beschaffen, dass er denkt: «Ah, schon wieder» oder: «Ich wollte doch noch gar nicht aufstehen. Kann ich mich nicht krankmelden?» Und so weiter, was da so alles im Kopf rumläuft. Oder aber, stehe ich auf, mit beiden Beinen aus dem Bett: «Aha, heute ein Tag zum Üben!»? Untersuchen, ändern, erkennen, nicht tadeln, ändern. Diese Formel sollte man sich merken.

Erkennen heißt, dass man weiß, was in einem vorgeht. Und sich selber tadeln ist nur Kritik, ist nur negativ. Wenn man sich selber tadelt, tadelt man andere. Man bleibt ja nicht bei sich selber. Man hat ja ungeahnte Möglichkeiten, andere zu kritisieren und zu tadeln. Nein, nichts mit Tadeln, ändern! Und wenn man diese Änderung vielleicht erst mal gedanklich vornehmen muss, so ist das auch schon eine Änderung. Wenn man nämlich erkannt hat, dass die Gemütsstimmung, mit der man aufwacht, eine negative ist, so kann man recht sicher sein, dass sie sich den ganzen Tagesablauf durchzieht. Und dass man daher nicht nur selbst in einer negativen Gemütsstimmung ist, sondern das auch um sich verbreitet. Na, ist das eine Art und Weise, mit seinen Mitmenschen zu leben? Heißt das, Verantwortung zu übernehmen? Verantwortung übernehmen heißt, das um sich zu verbreiten, was schön ist, was Freude bringt, was beglückend ist. Natürlich immer wieder. Es geht nicht von einem Tag auf den anderen.

In der Gruppe meditieren

Hilfreich ist es, wenigstens einmal in der Woche mit einer Gruppe zu meditieren. Wenn man in der eigenen Umgebung keine Gruppe kennt, sollte man selber eine Gruppe aufmachen. Zwei Leute sind eine Gruppe. Im Allgemeinen kommen, wenn die Gruppe bestehen bleibt, immer mehr Menschen dazu.

In unserem Mitteilungsblatt (siehe S. 223) sind fast alle der Gruppen erwähnt. Da kann man reinschauen, ob eine Gruppe in der Nähe ist, wo man wohnt, und sich dort einmal dazugesellen. Anrufen, fragen: Wann ist der Abend? Und hingehen. Der allgemeine Ablauf in so einer Gruppe ist eine Liebende-Güte-Meditation, am besten von der Kassette, dann eine Ruhemeditation, dann ein Vortrag von der Kassette. Und dann kann man sich noch darüber unterhalten und eine Tasse Tee zusammen trinken.

Ich möchte das Wort «unterhalten» doppelt unterstreichen. Nicht argumentieren. Das sind persönliche Meinungen. Eine vernünftige Unterhaltung bezieht sich auf eigene Erfahrungen mit dem, was ich auf der Kassette gehört habe: schon ausprobiert, fand es einfach oder schwierig, hat mir geholfen, habe es immer wieder probiert usw. Von sich selber sprechen. Nicht, was man glaubt, was andere tun sollten.

Die Gruppen sind ein ganz wichtiger Bestandteil dieses spirituellen Weges, der sowieso recht einzigartig ist. Vielleicht haben diejenigen, die schon eine Weile herumgeschaut haben, das gemerkt. Die anderen, die noch nicht woanders waren, denken vielleicht, so ist es immer. Ist es aber nicht. Diese Gruppen sind eine große Unterstützung für jeden, der mitmacht.

Die Lehre lesen

Wer sich zum Üben die Lehren des Buddha durchlesen will, sollte wissen, dass es sich um Lehrbücher handelt. In unserer Schulzeit hatten wir mit Lehrbüchern zu tun. Wir mussten Kapitel für Kapitel lernen. Und dann wurden wir noch abgefragt. Dass wir das nicht gern hatten, ist eine zweite Sache. Aber das ist ein Lehrbuch gewesen. Und es ist dasselbe bei der Buddha-Lehre. Es ist ein Lehrbuch. Man nimmt sich höchstens ein Kapitel vor. Allerhöchstens. Man kann sich auch eine Seite vornehmen. Und dann schreibt man sich im Telegrammstil auf, was da für eine Lehre drin war in diesem Kapitel oder auf dieser Seite. Und dann schaut man sich diese Telegrammstilnotiz an und merkt sie sich. Das ist nicht schwierig. Dann übt man das. Bis man das Gefühl bekommen hat: «Aha, jetzt weiß ich, worum es geht. Jetzt weiß ich, was ich machen kann.» Und dann erst liest man weiter. Einmal das ganze Buch durchlesen und dann wegstellen, das kann man mit Romanen machen. Aber die Buddha-Lehre ist einzig und allein dafür da, dass wir den Übungsweg gehen können. So dass die Bücher und die Kassetten hilfreich sind, wenn wir sie richtig anpacken.

Zu Hause meditieren

Die Hilfe, die die Gruppe gibt, ist bedeutsam. Hier zum Beispiel hat die Gruppenenergie jedem geholfen, sich immer wieder neu zu orientieren und sich neu zu versuchen. Doch es ist wichtig, tagtäglich zu Hause zu meditieren. Wie sieht es da aus? Wenn man zu Hause einen zweiten Menschen hat, der auch meditiert, ist es einfacher. Man kann sich gegenseitig aufmuntern. Wenn der Geist sagt: «Ach, heute nicht. Bleib lieber liegen!», kann der andere einen aufmuntern. Wenn man allein ist, muss man sich selber aufmuntern.

Man sollte einen Platz im Haus haben, wo man immer wieder zur Meditation geht und der immer bereit ist. Für Anfänger, die hier das erste Mal meditiert haben, genügen frühmorgens und abends je dreißig Minuten. Und jede Woche oder alle zwei Wochen fünf Minuten dazugeben, bis man auf eine Stunde kommt. Für diejenigen, die schon geübt sind, ist eine Stunde das Minimum, morgens und abends.

Liebe in allem

Jegliche Arbeit, jegliche Verantwortung, jegliche Pflichten, die wir haben, alles ist dem Dhamma untertan. Denn das Dhamma ist das höchste Ideal. Sollten wir dazu kommen, es wirklich zu lieben, dann ist es vollkommen gleichgültig, was wir am Tage tun. Denn die Liebe, die wir haben, durchdringt dann alles, was wir tun. Es ist also ganz egal, ob wir Toiletten putzen oder ein philosophisches Buch lesen, ob wir schreiben oder einen Vortrag halten. Ganz gleichgültig. Die Liebe zum Dhamma durchdringt, was immer es sei. Das, was wir tun, ist nicht das Wichtige. Wichtig ist unser eigenes inneres Erleben.

Wir haben also viele Möglichkeiten, unseren Alltag so zu gestalten, dass das spirituelle Leben dort immer vorhanden ist. Nicht, weil wir es uns einreden. Nicht, weil wir es gerne hätten. Sondern, weil wir genau aufpassen. Und weil wir uns dazu erziehen, diesen Läuterungsprozess nicht zu vergessen. Und immer wieder die Hingabe an die Wahrheit, die absolute Wahrheit als unser größtes Ziel anzuerkennen. Ob wir die absolute Wahrheit in dem Moment erkannt haben oder nicht, das ist ganz unwichtig. Wir sehen es als unser Ziel an. Wir haben kein anderes Ziel.

LIEBENDE-GÜTE-MEDITATION III:

Der Samen der Erleuchtung

Wir werden jetzt unsere letzte Liebende-Güte-Meditation zusammen machen und dann unsere Verdienste teilen, verteilen, so wie das traditionell üblich ist. Das ist auch eine Gabe, die wir geben. Ich werde es noch mal erklären.

Durch das Meditieren haben wir gutes Karma gemacht. Ob jetzt die Meditation gut gelaufen ist oder nicht, hat damit nichts zu tun. Karma bedeutet die Absicht. Und unsere Absichten waren gut. Daher haben wir gutes Karma gemacht. Und um unsere Selbstbezogenheit, unseren Egotrip zu vermindern, teilen wir die Verdienste mit anderen. Ob es möglich ist, dass die dadurch gutes Karma bekommen, ist äußerst fraglich. Aber was dadurch möglich wird, ist, dass wir in Liebe an andere denken, dieses Liebesgefühl auch ausstrahlen und ihnen etwas schenken wollen. Und daher besteht die Möglichkeit, dass andere das auch empfinden.

Man kann sich das vielleicht so vorstellen: Wir haben ein Radio. Aber wir stellen es nicht an. Na da können sie senden, was sie wollen. Wir hören es nicht. Jetzt stellen wir es an. Und da wird wilde Rock-'n'-Roll-Musik gesendet. Aber das passt uns eigentlich gar nicht. Jetzt drehen wir an dem Radio, um eine andere Station zu bekommen. Sind wir offen? Haben wir auf den richtigen Sender gestellt? Oder hören wir die ganzen wilden Geschichten, die da erzählt werden? Gesendet wird die ganze Zeit. Wir sind alle miteinander verbunden. Wir senden und wir empfangen die ganze Zeit. Aber wie weit sind wir offen dafür?

Das ist vielleicht eine Verdeutlichung der Liebenden-Güte-Meditation, die wir versuchen zu senden. Es ist eine Verdeutlichung der Verteilung der Verdienste, die wir verschenken wollen. Und möglicherweise gibt es einige Menschen, die ihr Radio sogar auf der richtigen Station angestellt haben, so dass sie es effektiv empfangen können. Die Möglichkeit besteht immer.

Zu Beginn wollen wir die Achtsamkeit für ein paar Momente auf den Atem lenken.

Wir schauen in unser eigenes Herz hinein und finden darin ein herrliches, leuchtendes Juwel, das nach allen Himmelsrichtungen strahlt. Es ist der Samen der Erleuchtung, der in uns lebt. Und wir können uns selbst lieben und anerkennen, weil wir der Träger dieses wunderbaren Juwels sind.

Und wir richten die Achtsamkeit auf denjenigen, der uns hier am nächsten sitzt. Und sehen in dessen Herzen das gleiche Juwel. Und wir können diesen Menschen liebend umarmen. Weil der Samen der Erleuchtung in seinem Herzen wohnt. Und strahlt. Und leuchtet. Und Reinheit um sich verbreitet.

Und wir denken an unsere Eltern, ob sie noch am Leben sind oder nicht. Und in deren Herzen finden wir dieses wunderbare Juwel, das alles erleuchtet und erhellt. Wir können sie lieben, anerkennen, unsere Zuneigung bezeugen. Weil das gleiche Juwel in deren Herzen zu finden ist wie auch in unserem eigenen.

Und wir denken an die Menschen, die uns am nächsten stehen, mit denen wir vielleicht zusammenleben. Wir finden in ihrem Herzen den Samen der Erleuchtung. Das wertvollste Juwel, was es im ganzen Universum gibt. Es ist in allen Facetten klar und rein. Strahlend. Und wir können jeden von diesen Menschen innigst lieben als Träger dieses Juwels.

Und wir denken an Freunde, Bekannte, Verwandte, wer immer uns in den Sinn kommt. Wir schauen in deren Herzen hinein und sehen das gleiche Juwel, den Samen der Erleuchtung, den jeder in sich trägt. Er funkelt und strahlt, erhellt jede Ecke des Herzens. Und wir sind beglückt, diese Reinheit des Herzens in all diesen Menschen zu finden. Wir umarmen sie liebevoll und schenken ihnen unsere Zuneigung.

Und jetzt denken wir an die Menschen, denen wir im Alltag begegnen und die wir sehr bald wiedersehen werden. Unsere Nachbarn, Arbeitskollegen, Verkäufer, Patienten, Lehrer, Schüler, Kunden. Alle tragen dieses herrliche Juwel im Herzen. Und so können wir sie ungeachtet aller Dinge, die wir erleben, innigst lieben. Weil der Samen der Erleuchtung in ihnen lebt.

Und jetzt denken wir an einen oder mehrere Menschen, die wir ablehnen. Über die wir uns geärgert haben. Die uns scheinbar das Leben schwer gemacht haben. Deren Ideologien wir nicht vertreten können. Mit denen wir uns gezankt haben. Was immer es sei. Schwierige Menschen in unserem Leben. Und wir schauen in deren Herzen hinein und sehen dort das gleiche Juwel. Voll Licht und Reinheit. Strahlend und leuchtend. Den Samen der Erleuchtung. Und wir können sie, ungeachtet unserer Schwierigkeiten, lieben und akzeptieren. Wir können die Ärgernisse loslassen und sehen, wie erleichternd das ist.

Und jetzt denken wir an die Menschen um uns herum. Überall, wo wir hinschauen, ist das gleiche Juwel in deren Herzen zu finden. Der Samen der Erleuchtung. Und so können wir sie ungeachtet ihrer Art, ungeachtet unserer Ansichten lieben und anerkennen. Die Einheit mit ihnen fühlen. Die Zusammengehörigkeit. Und wir können mit unserem Gefühl zu all diesen Menschen hingehen und es auf sie ausstrahlen lassen, so dass sie spüren, wie nahe wir ihnen sind.

Wir können immer weiter und weiter gehen zu allen Menschen in nah und fern, von denen wir entweder wissen, dass sie existieren, oder nur ahnen. Menschen, die wir kennen oder gesehen oder von denen wir gehört haben. Über das ganze Land verteilt. In allen angrenzenden Ländern. Über die Ozeane hinaus zu den anderen Kontinenten. In jedes Menschen Herz finden wir dasselbe Juwel. Und so können wir uns mit ihnen als Einheit fühlen. Nicht separat. Nicht fremd. Nicht anders. Sondern auf dem Weg, dieses Juwel als einziges in unserem Herzen zu tragen. Leuchtend und klar. Liebevoll und rein.

Und wir richten die Achtsamkeit wieder auf uns selbst. Erkennen das Juwel in unserem Herzen ganz deutlich. Fühlen uns beglückt davon. Lassen uns von der Liebe, die wir verschenkt haben, durchdringen. Und sehen unseren Weg, der zur Verwirklichung des Samens der Erleuchtung führt.

Wir teilen die Verdienste, die wir in diesem Meditationskurs erworben haben, mit all unseren Lehrern, die wir je im Leben gehabt haben, von klein an. Mit unseren Eltern. Mit unseren Lieben. Mit unseren Freunden und unseren Feinden. Wir teilen die Verdienste mit allen Devas, die nicht nur hier anwesend sind, sondern uns hören und sehen. Wir teilen die Verdienste mit allen, die das Dhamma üben, mit allen, die es lieben. Wir teilen die Verdienste untereinander und mit allen Lebewesen, die davon etwas spüren.

Mögen alle Lebewesen glücklich sein.

Wer mehr über die Buddha-Lehre, wie sie von Ayya Khema vermittelt wurde, erfahren oder in die Meditation eingeführt werden möchte, wende sich bitte an:

Buddha-Haus
Meditations- und Studienzentrum
gemeinnütziger Verein e. V.
Uttenbühl 5
D-87466 Oy-Mittelberg
Tel.: 08376-5 02; Fax: 08376-5 92;
E-Mail: info@buddha-haus.de
Kassetten mit den Vorträgen Ayya Khemas
sind ebenfalls dort zu beziehen.